エアロビクス指導教本

鈴木智子　著

明和出版

はじめに

―エアロビクスの今―

　今，スポーツクラブのスタジオレッスンでは，エアロビクスは少々押されぎみです。ダンス系プログラムや格闘技系プログラム，またヨガなど静的な運動プログラムも増え，エアロビクスをやっている曜日を探すのさえ難しいクラブもあります。また，本来エアロビクスとは，大きな歩幅で大きく手足を動かす，まさに有酸素運動だったのですが，最近のエアロビクスは，小さな歩幅で手はほとんど動かさないレッスンが増えてきています。リズム的にも複雑になり，回転動作も多くなっています。チャカチャカ，クルクルは少し取り入れればエッセンスとなりしゃれた振付となりますが，常にチャカチャカ，クルクルしていると緩急のない単調な振付となってしまい，「頭の体操が目的？」あるいは目的を見失っていると感じてしまうことすらあります。その一方，体のすみずみまで気持ちよく動かせるレッスンや，いつのまにか複雑な動きに導かれている職人芸ともいえるレッスンもまだまだ存在します。そんなレッスンを目にするとき，インストラクターを育てる者として，こういう技術を絶やさないことが使命だと痛感します。本書で述べる指導法は，インストラクターとしての基礎の基礎ですが，すべてはここから始まります。生まれてから一度も踊ったことがないという人が相手でも，30～40分は楽しく踊らせることのできる，ある意味魔法のような技術です。是非，この技術を身につけ，学校体育や介護現場などさまざまな場で生かしてもらいたいと思います。

―私とエアロビクス―

　幼少からバレエやモダンダンス，ジャズダンスなどを経験してきた私がエアロビクスに出会ったのは20代後半です。当初，私はエアロビクスをダンスとは認められず，単調なリズム体操だと思っていました。にもかかわらず，そんな私にエアロビクスをおしえなければならない状況が与えられてしまったのです。今は，その状況を与えてくださった方々にとても感謝しています。なぜなら，今，私はエアロビクスを一生の仕事と思うからです。とはいえその当時は，エアロビクスを好きになる前に，おしえなければならなくなり，しぶしぶ勉強し始めたというのが本音でした。そのとき，私に勉強の仕方をおしえてくださったのが沢井史穂先生（現日本女子体育大学教授，(公社) フィットネス協会理事）です。「ダンスがちょっとできるからって，エアロビクスもおしえられると思ったら大間違い。ちゃんと勉強しなさい。」と叱咤激励され，気をひきしめて臨もうと思い直したことは今でも忘れられません。またそんなときに運命だったのでしょうか，幸運にも菅野牧子先生（現 (公財) 日本体育協会エアロビック上級コーチ）のエアロビクスレッスンに出会い，エアロビクスの印象が一変しました。単純なステップが意味なくつながっていると思われた振付も，菅野先生のレッスンでは意味あるつながりと

i

感じられ，それまで経験してきたダンスと同様に緩急もあり，動きの流れの美しさも感じることができました。また，フィットネスとしてのエアロビクスにも動きの巧みさが必要なことを知りました。難度の高いものだと，たとえ1回目のレッスンで表面的にまねて動くことができても，先生が求める身のこなしを実現するには数回かかり，もっとうまくこなしたいと何度も通ううちに，ますますエアロビクスの楽しさにはまってしまいました。そのうち，もっとうまく動くためには，体が強くなければいけないと感じるようになり，エアロビクスの強靭さに惹かれるようになったのです。そのころ菅野先生は競技エアロビクス（エアロビック）の選手でもあったので，大会を応援に行くようになり，また自分も競技エアロビクスのレッスンに通うようになり，単純なステップを美しく力強く動くことを楽しいと感じるようになりました。その一方，おしえることにおいても，学校やスポーツクラブで積極的にレッスンを持つようになり，初心者から上級者クラスまで受け持つようになりました。インストラクターになってすぐは振付のおもしろさに興味があり，少しでもダンス的なコンビネーション（振付）をつくることにこだわっていましたが，そのうち，正しい姿勢や大きな可動域にこだわるようになり，私がおしえる会員さんの中には，競技エアロビクスを始める人もでてきました。今では考えられないことですが，かつては，スポーツクラブの延長上に競技エアロビクスがあったのです。またここ10年は，縁あって大学において運動指導者を養成しています。毎年，200名の初心者学生にエアロビクスを指導する中で，またエアロビクス経験1年未満の学生に指導法をおしえる中で，たいしたことではないと思っていた技術を体系的に伝え，また書き記す必要性を感じるようになりました。こうして完成したのが本書です。エアロビクスインストラクター養成においては，池田美知子先生(現(公社)日本フィットネス協会理事)に大変お世話になりました。本書の中で使用しているステップシートは池田先生から伝授されたものです。

―レッスンの目的は？……楽しいから？　健康のため？―

　今現在の私は，暇があれば，ただのお客さんとしてレッスンを受けに行くエアロビおたくですが，仕事―すなわち運動指導者養成のためにレッスンを受けているのではありません。本当にレッスンを受けることが好きなのです。純粋にレッスンを楽しみながら，よいレッスンとは？よいインストラクターとは？　と思案しています。レッスンも食べ物と同じで，「体によいから」と言われても，おいしくなければ積極的に食べようとは思いません。つまり，レッスンも楽しくなければ受けてもらえないのです。よって，"楽しさ"はまず重要だと私は考えます。では楽しいレッスンに必要なことは何でしょうか。

- 音楽的でリズミカルなこと。
- 運動量があること（ランナーズハイ的な楽しさがあります）。
- 難易度においても達成感があること。やっとできるくらいがベスト。
- 参加者みんなとの一体感が感じられること。

などが考えられます。レッスンの"楽しさ"については，たとえ病院でリハビリテーションを目的にエアロビクスを指導するときでさえ考えていました。リハビリだからつまらなくても安全で効果的な運動を提供しようとはどうしても考えられなかったのです。ただし，安全かどうか，運動量や難易度が適正かどうかは対象者によって違いますし，場合によっては命にも関わるので，その見極めはとても重要です。運動量も難易度も，限界一歩手前くらいに設定できることがベテランの指導力といえるでしょう。また，何十年も楽しさが持続するように，より力強く，美しく，かっこよく動けるように導くことも重要です。そうすれば，体も変わり，ますます楽しくなります。しかしそのためには，自分の動きも磨く必要があります。

―よいインストラクターとは？―

大学で運動指導者養成を始めて間もないころ，私は，インストラクターたる者，かっこよく動けて，楽しい振付が考えられて，上手におしえられてと三拍子そろっていなければならないと思っていました。しかし，エアロビおたくとして多くのレッスンに出ていると，必ずしも三拍子そろっていなくて魅力的なインストラクターはたくさんいるなと感じます。三拍子に加えもう一つ，人柄というのも大切な要素です。インストラクターは多くの人を相手にしなければいけませんので，誰からも好かれることも大切ですが，好き嫌いは人によって違うとも思いますので，個性も出してよいと思います。よいインストラクターの4条件，すなわち「本人の動き，振付の面白さ，おしえ方，人柄」のうち，2つ以上はクリアしたいものです。そして，インストラクター経験を積むにつれ，この4つの平均点を少しずつ上げていってもらいたいと思います。平均点がある程度高まってきたら，4条件の比重も含め，自分らしいおしえ方というものを考えていったらどうでしょうか。

―なりたいと思うことが才能―

今，エアロビクス指導法演習という授業を担当していて，うれいしいなと思うのは，「あっ，この学生エアロビクスに出会っちゃったな」と感じるときです。今までぱっとしなかった学生が，あるとき突然輝きだすことがあります。インストラクターの貫禄十分に声を張り，全身をフルに使って堂々と指示を出す姿に驚かされることがあるのです。エアロビクスをおしえていてワクワクするあなたにはきっと才能があると思います。なぜなら，多くの人は，エアロビクスをすることが楽しくてもおしえたいとは思わないからです。そして，そんな風にインスラクターになりたくて勉強を始めたあなたも，勉強をするうちに壁にぶつかることもあるかと思います。そんなときは，あのワクワクした気持ちを思い出すために，インストラクターの4条件を思い出し，4条件のどれかにこだわったレッスンをしてみてはどうでしょうか。

2015年10月

著者記す

本書の読み方

　本書では，エアロビクスの指導方法の中でも特にコンビネーションによるレッスン方法について述べることとする。コンビネーション（振付の完成形）をあらかじめ考えておき，レッスンの中で徐々に組み立てながら完成形に導いていくというやり方で，現在，行われている多くのレッスンがこの方法である。本書の構成は，実際にインストラクターが行う順番に沿って，

　　Ⅱ章―手本となる動きを見せる
　　Ⅲ章―コンビネーションをつくる
　　Ⅳ章―コンビネーションの展開方法を考える ｝ 運動プログラムの作成
　　Ⅴ章―運動プログラムを指導する― 指導技術

という順で配置した。運動プログラムの作成にあたるのはⅢ章とⅣ章である。最近はプレコリオといって，既製品として提供される運動プログラムをおしえることもあるので，プレコリオのインストラクターを目指すのであれば，Ⅴ章から読み進めるのも一つの方法である。ちなみに，プレコリオにおいて提供される運動プログラムの中には，ここで述べた運動プログラムの作成方法が使われているものもあるので，余裕があれば是非読んでもらいたい。プログラムを覚えるのに役立つかもしれない。

一般的なインストラクターが実施する順番
- コンビネーションをつくる（Ⅲ章）
- コンビネーションの展開方法を考える（Ⅳ章）
- 運動プログラムを指導する（Ⅴ章）

プレコリオのインストラクターが実施する順番
- 規制のプログラム（展開方法＋完成形のコンビネーション）を覚える
- 運動プログラムを指導する（Ⅴ章）

　また，筆者がおしえる大学の授業「エアロビクス指導法演習」では，指導技術（Ⅴ章）を学習した後に，運動プログラムの作成（Ⅲ章，Ⅳ章）を学習するようなカリキュラムとしている。というのは，学生たちのほとんどがエアロビクス経験1年未満とエアロビクス経験が乏しいため，最初から運動プログラムの作成に積極的になれる学生は少ないためである。そこで，授業ではまず既製の運動プログラムを指導するドリルを行い，指導技術を先に学ぶことにしている。学生たちは，学習の早い段階でインストラクター気分を味わうことができモチベーションが高まったところで，運動プログラムの作成に取り組めているようである。また，指導技術を学ぶ段階で，自分がインストラクターに向いているかどうかを感じてもらうことも意図している。

> 「エアロビクス指導法演習」の授業で実施する順番
> - 運動プログラムを指導する（Ⅴ章）
> - コンビネーションのをつくる（Ⅲ章）
> - コンビネーションの展開方法を考える（Ⅳ章）

いずれにしても，エアロビクス指導の大部分はインストラクターの動きをまねてもらうことなので，インストラクターになろうというみなさんは，エアロビクス経験が豊富で，自身もエアロビクスが得意であることが望ましい。本書を手にした人で，エアロビクスを体験したことがないという人はさすがにいないと思うが，エアロビクス経験が1年未満という人には特に，初級のレッスンをたくさん受けてもらいたい。また，Ⅱ章をよく理解して，美しく，正しく動けるよう精進してもらいたい。

本書は，みなさんの経験や実力，将来の目的に合わせていろいろな読み方が可能である。
- エアロビクス経験が豊富で動きに自身のある人は，Ⅲ章から読み進めてもよい！
- プレコリオのインストラクターを目指す人は，Ⅴ章から読み進めてもよい！
- 上手に動く自信のない人は，後からでもよいのでⅡ章を読み，動きをしっかり練習してほしい！

contents　*Aerobic dance exercise instruction manual*

まえがき………… i

本書の読み方…………iv

Ⅰ章　エアロビクス指導を学ぶうえで知っておきたいこと

1 レッスン（50 〜 60 分）の構成 ……………………………………………………… 1

2 使用する音楽 ……………………………………………………………………………… 2

3 音楽の速さ ………………………………………………………………………………… 2

4 インストラクターの役割 ……………………………………………………………… 3

Ⅱ章　手本となる動きを見せる

1 ステップの種類 …………………………………………………………………………… 5

2 ステップの紹介 …………………………………………………………………………… 6

　《1》ローインパクト…………9

　　■マーチを原型とするステップ /9

　　■ステップタッチを原型とするステップ /18

　　■ヒールタッチを原型とするステップ /32

　《2》ハイインパクト…………39

　　■マーチを原型とするステップ /39

　　■ステップタッチを原型とするテップ /40

　　■ヒールタッチを原型とするステップ 46

　　■ジャンピングジャックを原型とするステップ /50

3 上肢の動きの紹介 ……………………………………………………………………… 52

　《1》マーチに合う上肢の動き…………53

　《2》ボックスに合う上肢の動き…………58

　《3》Ｖステップに合う上肢の動き…………60

　《4》Ａステップに合う上肢の動き…………62

　《5》ステップタッチに合う上肢の動き…………64

　《6》グレープバインに合う上肢の動き…………72

　《7》レッグカールに合う上肢の動き…………76

　《8》ヒールタッチに合う上肢の動き…………79

　《9》バックランジ（斜め）に合う上肢の動き…………82

　《10》"振る"という上肢の動き…………84

III章　コンビネーションをつくる

1 右リードのコンビネーションをつくる　……………………………………… 85

《1》ステップの最後が踏むのかタッチなのか…………86

《2》同じ種類の動きが連続しない…………87

《3》サイドタッチとステップタッチをつなげない…………88

《4》4種類のステップをつなげて右リードのコンビネーションをつくる…………88

《5》5種類以上のステップをつなげて右リードのコンビネーションをつくる…………88

《6》左右対称のシークエンスが入った右リードのコンビネーションをつくる…………89

2 左右対称のコンビネーションをつくる　……………………………………… 90

3 コンビネーションの強度調整について　………………………………… 92

《1》ステップの強度による調整…………92

《2》上肢の動きによる強度調整…………93

《3》重心の水平移動による強度調整…………93

《4》重心の垂直移動による強度調整…………94

4 コンビネーションの難度調整について　………………………………… 95

《1》ステップの難度による調整…………95

《2》上肢の動きによる難度調整…………96

《3》方向転換による難度調整…………96

《4》ステップ数による難度調整…………97

5 上肢の動きのつながりについて　………………………………………… 98

6 コンビネーションの例　……………………………………………………104

IV章　コンビネーションの展開方法を考える

1 右リードのコンビネーションの展開方法　…………………………………115

《1》アドオンとは…………116

《2》レイヤリングとは…………117

《3》アドオンとレイヤリングの順序…………117

❶アドオンを先に行ったほうがよい場合 /117

❷レイヤリングを先に行ったほうがよい場合 /117

❸レイヤリングを後に行ったほうがよい場合 /118

❹アドオンとレイヤリングの例 /118

《4》レイヤリング—ステップを段階的に導く方法…………121

vii

❶難度の観点から段階的に導く方法 /121

❷強度の観点から段階的に導く方法 /123

《5》リバースピラミッド…………124

《6》展開する際の音楽の使い方…………124

2 その他の展開方法と展開方法の難度 ……………………………………………128

《1》リニア…………128

《2》右リードのコンビネーションをアドオンで展開…………128

《3》左右対称のコンビネーションをアドオンで展開…………128

《4》左右対称のコンビネーションをインサートで展開…………130

Ⅴ章　運動プログラムを指導する

1 バーバルキュー（言語的な指示） ……………………………………………135

2 カウントダウン ……………………………………………………………137

3 ビジュアルキュー（視覚的な指示） ………………………………………138

4 プレビュー ……………………………………………………………………140

5 対面指導 ………………………………………………………………………142

6 ステップ名に頼らないバーバルキュー …………………………………143

7 参加者をつまずかせないために …………………………………………144

8 安全で効果的で美しい動きに導くために ………………………………145

9 指導ドリル ……………………………………………………………………146

＜付録1＞ウォーミングアップ例 ……………………………………………149

＜付録2＞2分間の運動プログラムをつくる手順

　　—授業「エアロビクス指導法演習」での実践例— ………………………161

《1》コンビネーションの完成形を考える…………161

《2》展開（ブレイクダウン）を考える…………162

あとがき…………171

エアロビクス指導を学ぶうえで知っておきたいこと

　エアロビクスとは，流行の音楽に合わせて，インストラクターのまねをしながら踊りつづけるダンスエクササイズである．正確にはエアロビックダンスのことだが，本書ではエアロビクス ＝ エアロビックダンスと定義することとする．本来，エアロビクスとは有酸素運動を意味する．有酸素運動とは簡単に言えば，大筋群を動かし，酸素を十分に体内に取り込みながら，比較的長時間行うことのできる運動のことで，エアロビックダンスの他にウォーキング，ジョギング，水泳，サイクリングなどがある．その目的は，体脂肪の燃焼や心肺機能を高めることによる疲れにくい体づくりなどである．また，エアロビックダンスは，有酸素運動としての効果以外に，"巧みさ"の向上についても大いに期待できるスポーツである．音楽に合わせてリズミカルに動くことや，手足を連動させて動くこと，インストラクターの動きや言葉に反応して動くことにより，身体を思い通りに動かせるようになるのである．加えて，脚や腕をダイナミックに動かしたり，またそのように手足を動かしても体幹がぶれないように意識することにより全身の筋強化も期待できる．コンビネーションすなわちひとつながりの振付（通常32カウント）は，原則，数種類のステップをつなげてつくられるが，ステップは全部で40種類程度しかないため，慣れればそれほど難しいエクササイズではない．しかし，腕の動きをつけたり，移動や回転動作を加えることにより強度や難度を上げることが可能である．そして何よりも音楽に合わせてリズミカルに大筋群を動かすことは楽しい．また，みんなで一緒に動くことにより一体感が感じられることもグループエクササイズの魅力の一つである．

1 レッスン（50 ～ 60 分）の構成

エアロビクスのレッスン（50 ～ 60 分）の構成は，原則，下記の 3 つのパートに分けられる。

①ウォーミングアップ（10 ～ 15 分）

②メインエクササイズ（35 ～ 45 分）

③クールダウン（5 ～ 10 分）

本書では，主に②メインエクササイズについて学ぶこととする。①ウォーミングアップ（10 分）については，見本となる例を本書の最後に〈付録 1 〉(p.151) として掲載したので，まずは，そのまま覚えて実践するのもよい。

2 使用する音楽

エアロビクスでは，8 カウント × 4 小節（32c）(c はカウント）が繰り返される音楽を使用する。最近はエアロビクス用に 32c が繰り返されるよう編集された専用のＣＤ（60 分や 45 分など）が売られていて，そのようなＣＤを利用してレッスンを行うインストラクイターがほとんどである。音楽の速さについても，一定でゆっくりしたものや一定で速いもの，また，だんだん速くなるように構成されているものなどがある。本書のドリルを行う際には，125 ～ 130bpm（1 分間あたりのビート数が 125 ～ 130）程度で一定の速さの曲を準備し練習することをお勧めする。125bpm は，通常，ステップ台を用いたエクササイズや水中エクササイズ用として売られており，エアロビクスにおいては遅めのテンポであるが，最初はテンポが速いと指導が追いつかなくなりがちなので，遅めのテンポを使用することをお勧めする。

ドリル 32 カウントの音楽の区切りがわかりますか？

まず，音楽を手に入れたら，聴いてみて，32c の音楽の区切りがわかるかどうかチェックしてみよう。専用の音楽においては，たいてい，32c 区切りの頭，すなわち 1 小節目から始まっているので，最初から数えるとわかりやすい。次に，曲の途中から聴いても，32c 区切りがわかるかどうかチェックしてみよう。メロディーはほとんど 32c 区切りの頭で始まるので，そこが聴き分けるポイントであるが，間奏部分などでは聴き取りにくい場合もある。

----

3 音楽の速さ

音楽の速さはテンポともいうが，ピッチや bpm（beat per minute：1 分間あたりのビート数）ともいう。通常のレッスンでは，

| ローインパクト（跳躍動作がない）では 130 〜 140bpm |
| ハイインパクト（跳躍動作がある）では 140 〜 155bpm |

程度がふさわしい。しかし，高齢者を対象とする場合などは，110bpm 程度を使用することもある。高齢者の場合，ピッチを上げると強度や難度が上がってしまうことが多いので，ピッチは最初遅めに設定し，様子を見ながら徐々に速くしていくのがよい。

　設定したピッチに参加者がついてきているかどうか確認しながら臨機応変にピッチを変えることも必要である。その際，動きの大きさを変えずにピッチを上げると，足や手を動かすスピードが速くなり強度が上がる。しかし，ピッチを上げることにより動きが小さくなり，強度が下がることもあるので，参加者の動きを見ながら，自分が意図した強度になっているかを確認し，ピッチ調整や指示を行う。

　ローインパクトのレッスンにおいて，ときどき曲より動きが速くなっている参加者を見かける。通称"はや取り"という。筆者が新米インストラクターだったころ，"はや取り"をする参加者を見て，「ピッチをあげてほしい」というアピールなのかと思ったが，実は筋力不足で"はや取り"になってしまっている参加者も多い。この場合，ピッチを上げてしまうと，ますます筋力がつかないので，ピッチを速めないで，「音に合うように膝をしっかり曲げて大きく動きましょう」という指示が必要かもしれない。また，インストラクター自身も脚の関節をしっかり曲げ伸ばして，決して"はや取り"にならないように心がけたい。残念ながら，ときどきインストラクターにも"はや取り"を見かける。また，"はや取り"のインストラクターのクラスでは，参加者もみな"はや取り"となってしまうため恐ろしい。

4　インストラクターの役割

　プレコリオ（既製品として提供される運動プログラム）ではなく，オリジナルのコンビネーションでレッスンを行う場合，インストラクターの役割は，大きく分けて以下の 3 つである。

　①手本となる動きを見せる……Ⅱ章

　②運動プログラムをつくる

　　コンビネーション（振付の完成形）をつくる……Ⅲ章

　　コンビネーションの展開方法（完成形への組み立て方）を考える……Ⅳ章

　③運動プログラムを指導する……Ⅴ章

レッスンを受ける側が，インストラクターのことを「かっこよくて，おしえ方もうまくて，振付も楽しい」と思うとき，「かっこよくて」は役割①手本となる動きを見せるであり，「振付も楽しい」は役割②コンビネーションをつくるであるが，「おしえ方もうまくて」は，役割②コンビネーションの展開方法を考えると役割③運動プログラムを指導するの両方を指している。すなわち，役割③は主に運動プログラムを伝える技術を指している。

①手本となる動きを見せる（Ⅱ章）

エアロビクスレッスンを見ればわかるが，インストラクターは飲水休憩以外，レッスンの最初から最後まで，音楽に合わせ，ノンストップでほぼ参加者と同じ動きを行う。なぜなら，エアロビクス指導の大部分はインストラクターの動きをまねてもらうことであるからだ。初心者のレッスンなどでは，インストラクターが止まると参加者全員が止まってしまうということもよく起こる。つまり，参加者は，言葉で伝えられる指示より，インストラクターが示す動きをより頼りにしているのである。よって，インストラクターは，まず明確に美しく動くことができなければならない。

②運動プログラムをつくる（Ⅲ章）（Ⅳ章）

また，オリジナルのコンビネーションでレッスンを行う場合，あらかじめコンビネーション（振付の完成形）を考え（Ⅲ章），そのコンビネーションをレッスンの中でどう組み立てていくかも考えておかなければならない（Ⅳ章）。

コンビネーションをつくる（Ⅲ章）ことにおいては，若干クリエイティブなセンスが必要かもしれない。すなわち，ステップのつながりが美しくスムーズかどうかがわかることが望ましい。しかし，振付をゼロからつくり出すわけではなく，原則いくつかのステップをつなげればよいのである。特別クリエイティブな才能は必要ないので安心してほしい。

また，コンビネーションの展開方法を考える（Ⅳ章）ことにおいては，誰にでもわかるよう論理的に振付を組み立てていくセンスが必要となる。たとえば，「今から前半をつくります。つづいて後半をつくります。最後に前半と後半をつなげて完成形となります。」というように，どんな順序で組み立てられていくかが参加者に伝わるような展開方法が優れた展開方法といえる。

③運動プログラムを指導する（Ⅴ章）

さらに，インストラクターは動きをおしえる際，参加者と同じように動きながら同時に次の指示を出さなければならない。初めてトライするみなさんには，これも大変難しい指導技術と感じられるに違いない。しかし，慣れれば案外容易にできるもので，指導技術を学習する際に「指導は楽しい！　インストラクターになりたい！」とピンとくる人も多いようである。

本書では，これらインストラクターの役割を踏まえ，またインストラクターが実際に行う順番に沿って，①（Ⅱ章）⇨②（Ⅲ章，Ⅳ章）⇨③（Ⅴ章）の順で述べていくこととする。

Ⅱ章
手本となる動きを見せる

1　ステップの種類

　ステップは，大きくローインパクトとハイインパクトに分けることができる。ローインパクトとは，常にどちらかの足が着地しているステップで，比較的強度が低く，ハイインパクトとは，跳躍（両足が床から離れること）を伴うステップで，比較的強度が高い。以下に，ローインパクト，ハイインパクトそれぞれについて代表的なステップを示す（次頁の表参照）。
　ローインパクトについては，

- 足を右左交互に踏むマーチを原型とするステップ
- ステップタッチから発展させることができるステップタッチを原型とするステップ
- 片足を交互に出して戻すヒールタッチを原型とするステップ

に分けることができ，ハイインパクトについては，

- 足を右左交互に踏むマーチを原型とするステップ
- ステップタッチから発展させることができるステップタッチを原型とするステップ
- 片足を交互に出して戻すヒールタッチを原型とするステップ
- 両足を同時に開いたり閉じたりするジャンピングジャックを原型とするステップ

に分けることができる。本書では，シャッセ＆2マーチは，ステップタッチを原型とするステップに，ステップニー，ステップツイストやマンボシャッセはヒールタッチを原型とするステップに分類したが，別の分類の仕方もあるだろう。マーチを原型とするステップは，左右非対称のステップで，何回繰り返しても開始する足（リード足）が替わらないことが特徴である。ステップタッチを原型とするステップおよびヒールタッチを原型とするステップは左右対称のステップで，奇数回繰り返すとリード足が替わることが特徴である。

ローインパクト	ハイインパクト
■マーチを原型とするステップ ①マーチ，３マーチ＆タッチ，クロスマーチ ②ボックス ③Ｖステップ ④Ａステップ ⑤マンボ ⑥３拍子マンボ（1c目斜め前に踏む）＆２マーチ ⑦３拍子マンボ（1c目横に踏む）＆２マーチ ⑧３拍子マンボ（2c目斜め前に踏む）＆２マーチ ⑨３拍子バッククロス（2c目斜め後ろに踏む） 　　＆２マーチ	**■マーチを原型とするステップ** ①ジョグ
■ステップタッチを原型とするステップ ①ステップタッチ 　　アップダウン，ダウンアップ，ツーサイド ②ランジアップ ③グレープバイン ④ギャロップ ⑤レッグカール ⑥ツーリピーター ⑦ツイスト・シングル，ツイスト・ダブル ⑧シャッセ ⑨シャッセ＆２マーチ，シャッセ・バッククロス	**■ステップタッチを原型とするステップ** ①ステップホップ ②ケンケン ③ポニー ④ツイスト・シングル，ツイスト・ダブル ⑤ヒールジャック ⑥ピエロジャック
	■ヒールタッチを原型とするステップ ①ヒールタッチ（フロント） ②フロントキック ③サイドキック ④バックキック ⑤ニーアップ
■ヒールタッチを原型とするステップ ①ヒールタッチ（フロント） ②ヒールタッチ（サイド），サイドタッチ ③サイドランジ ④バックランジ，バックランジ（斜め） ⑤ステップニー＆２マーチ ⑥ステップツイスト ⑦マンボシャッセ	**■ジャンピングジャックを原型とするステップ** ①ジャンピングジャック ②シザージャック

2 ステップの紹介

　ステップを紹介する前に，姿勢とリズムの取り方について，触れることとする。まず，姿勢についてだが，原則，骨盤は前に倒れること（骨盤前傾）も後ろに倒れること（骨盤後傾）もない。特に骨盤が後傾すると，バランスを取ろうとして猫背になってしまうことが多い。よって，猫背を直すには，後ろに倒れた骨盤を垂直に立てることが近道であることも多い。また，猫背の場合，左右の肩甲骨が背骨から離れた位置にあること（肩甲骨外転）が多い。よって，左右の肩甲骨を背骨に近づけるようにする（肩甲骨内転）ことも，よい姿勢をつくる方法の一つである。また原則，両肩を結んだ線と両腰を結んだ線は水平で，両肩と両腰を結んだ長方形

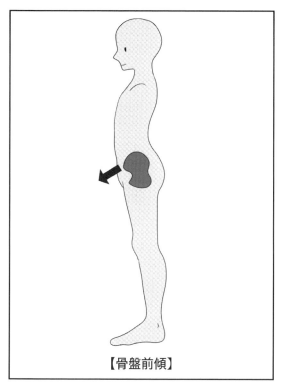

【骨盤前傾】

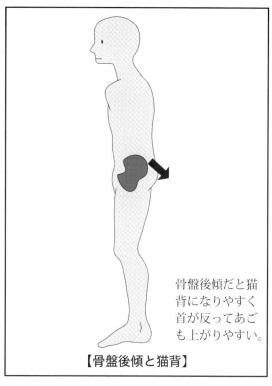

骨盤後傾だと猫背になりやすく首が反ってあごも上がりやすい。

【骨盤後傾と猫背】

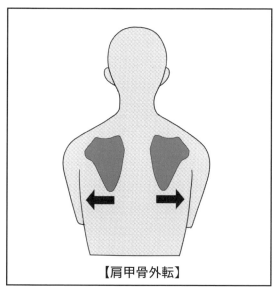

【肩甲骨外転】

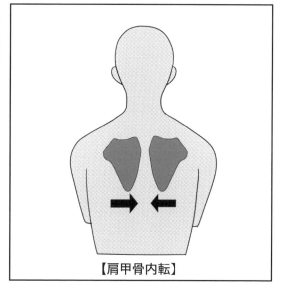

【肩甲骨内転】

が正面から見てゆがまないことを心がける。また，体幹は，前から見ても横から見ても，常に垂直でなければならない。お尻を後ろに突き出すようにして股関節を屈曲させることを，"腰が引ける"というが，エアロビクスの動きにおいて，"腰が引ける"ことは絶対にない。また，たとえ股関節が足の接地面上にあったとしても，原則，体幹は前傾しない。体幹が前傾しやすい人は，身長を測るときのように，背中と後頭部を後ろの壁につけるようなイメージで動くとよい。

レッグカールの1歩目など。
【悪い例：腰が引ける】

グレープバインの1歩目など。
【悪い例：体幹が前傾する】

　次に，リズムの取り方についてである。1小節，すなわち8カウントを1ト2ト3ト4ト……とカウントした場合，エアロビクスのステップの多くは，"1"で重心が下がり，"ト"で重心が上がる。言い方を換えるとステップを開始する半カウント前は，多くの場合，重心が上がる。マーチ系のステップなどで，手を左右交互に振る動作とも連動しており，"1"では肘が低い位置にあり，"ト"では肘が高い位置にある。これらのステップでは，腕をしっかり振り，重心の上下動と手の振りの上下動を連動させるよう意識することが大切である。

　それでは以下に，先の表のステップすべてについて，写真と足型で紹介する。左右対称のステップについては左右対称に1回行うのに要するカウント数を，左右非対称のステップについては1回行うのに要するカウント数を示す（cはカウント）。ステップはすべて右足開始である。写真を鏡に映っている自分の姿と想定して，足型にしたがって動いてもらいたい。また，動き方や注意すべきことついても合わせて示すこととする。エアロビクスインストラクターをめざすとき，上達に最も時間がかかるのが，手本となる動きを示すことである。インストラクターである限り，参加者が目標とできるような美しく正しい動きを追求しつづけてもらいたい。また，参加者に対しても，ただ楽しいレッスンではなく，よりよく動くことを目標にできるレッスンを提供できたらと思う。そのためには，よりよい動きとはどのような動きかを知り，自身がその動きを見せられることが望ましい。

ネコ背？

《1》ローインパクト

●○● マーチを原型とするステップ

①マーチ　非対称 2c

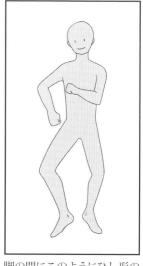

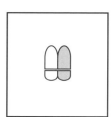
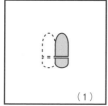
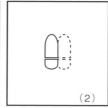

脚の間にこのようにひし形のすき間ができないようにしよう。

【悪い例：がに股】

【動き方・注意すべきこと】

・両膝の間のすき間を小さくし，膝頭が外側を向いた"がに股"（股関節外旋）にならないようにする。

・その場で歩くときには，つま先から着地し，つま先から踵へとなめらかに床に押しつけるようにする。

・片足になったときには，股関節と膝が伸びた状態となる。

・前進するときは踵から，後退するときにはつま先から着地することを意識する。

・手を交互に振りながらできるようにする。その際，踏む足と同じ側の手を前に振り込み，肘の角度は変えず，肩関節を動かすようにする。肘を胴体より後ろに引くようにするのがコツである。

3 マーチ＆タッチ　対称8c　4c目にタッチを入れて左右対称に行うバリエーション

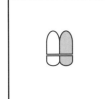 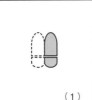 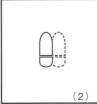 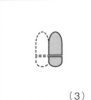 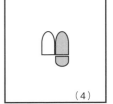

※左も同様に行うと左右対称となる。

【動き方・注意すべきこと】
- 写真では，定番とされる上肢の動きを伴っている。高齢者にとっては，難しいステップである。4c目のタッチに体重がかからないようにすることが重要である。
- 前後に移動する場合は，1〜4cで前進し5〜8cで後退かまたは，1〜4cで後退し，5〜8cで前進となる。
- 前後に移動してダイナミックに行う場合，1歩目の足を大きく踏み出す必要があるが，この際，出す足と反対側の足で，進む方向と逆に床を蹴ることが重要である。
- 前後に移動してダイナミックに行う場合は，8c目（左足）と4c目（右足）でホップして始めてもよい（右リードの場合）。ホップとは片足で踏み切り小さく跳んで同じ足で着地すること。

クロスマーチ　非対称4c

【動き方・注意すべきこと】
- 両肩を結んだ線を鏡と平行にしたまま，ウエストから下を左と右に回旋させるイメージである。すなわち，左足を後ろに交差したときに左に回旋，右足を前に交差させたとき右に回旋させる（右リードの場合）。
- ダイナミックに行う場合は，8c目に左足でホップして始めてもよい。ホップとは左足で踏み切り小さく跳んで左足で着地すること（右リードの場合）。

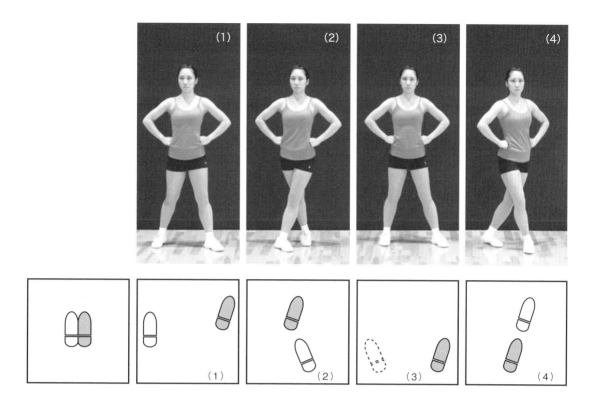

②ボックス 非対称 4c

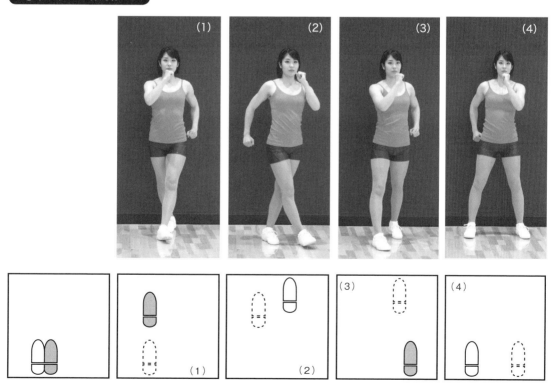

【動き方・注意すべきこと】

・1歩目の右足は，左足に交差させるのではなく，左足のまっすぐ前方に持ってくるようにする。
・手の動きが止まってしまいがちだが，歩くときのように手を交互に振りながらできるようにする。その際，踏み込んだ足と同じ側の手を前に振り込む。
・1歩目を出したときに，ウエストから下を左に回旋するのがコツである（右リードの場合）。
・両肩を結んだ線は，鏡に対して，常に平行である。

③Vステップ　非対称4c

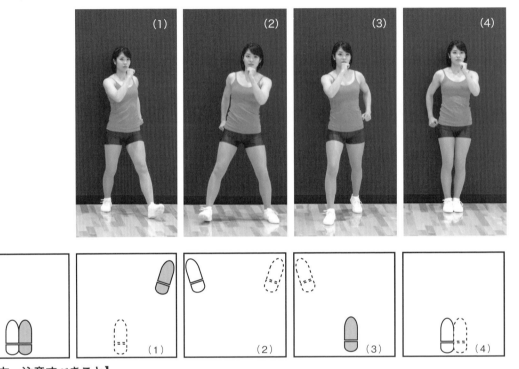

【動き方・注意すべきこと】

・2歩目も1歩目と同じ歩幅で前に踏み出すようにする。2歩目の歩幅が小さく1歩目より後ろについてしまうことがあるので注意する。
・足を斜め前に踏み込む際，膝とつま先の方向を一致させるようにする。膝がつま先より内側に向いてしまうことがあるので注意する。
・1歩目も2歩目も踵（かかと）から踏み込むことを意識する。
・重心が左右に大きく移動して，床面に三角を描いているように見えることがあるが，これはあまりよくない。前後の移動を意識する。
・手の動きが止まってしまいがちだが，歩くときのように手を交互に振りながらできるようにする。その際，踏み込んだ足と同じ側の手を前に振り込む。
・足を斜め前に踏み込む際，足裏が着地すると同時に膝を曲げることを意識する。膝がほとんど曲がらず，むしろ過伸展してしまうことがあるので注意する。

④Aステップ　非対称4c

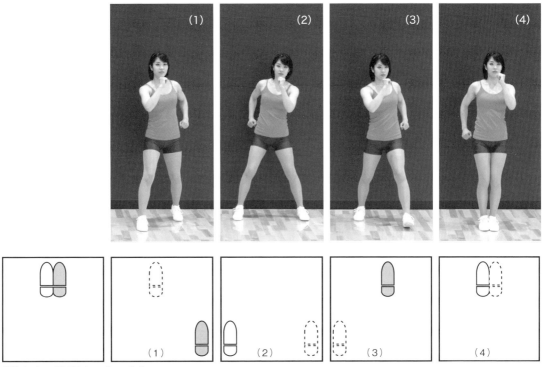

【動き方・注意すべきこと】
・後ろに出す足はつま先から着地し，必ず踵を床につけるようにする。
・Vステップと同様に，手を交互に振りながらできるようにする。

⑤マンボ　非対称4c

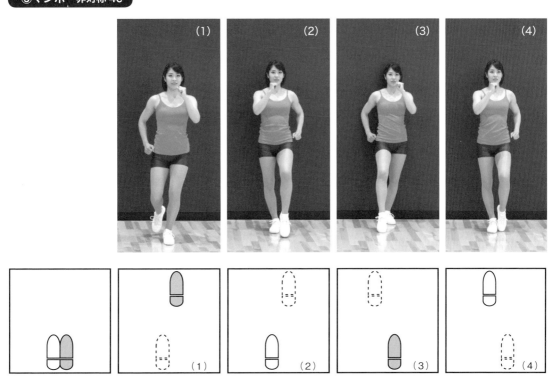

【動き方・注意すべきこと】

・1c目に踏み込む際，膝をやわらかく曲げ，体幹が前に倒れないようにする。

・前に踏み込んだ足と同じ側の手を前に振り込む。

⑥ 3拍子マンボ（1c目斜め前に踏む）＆2マーチ　非対称8c

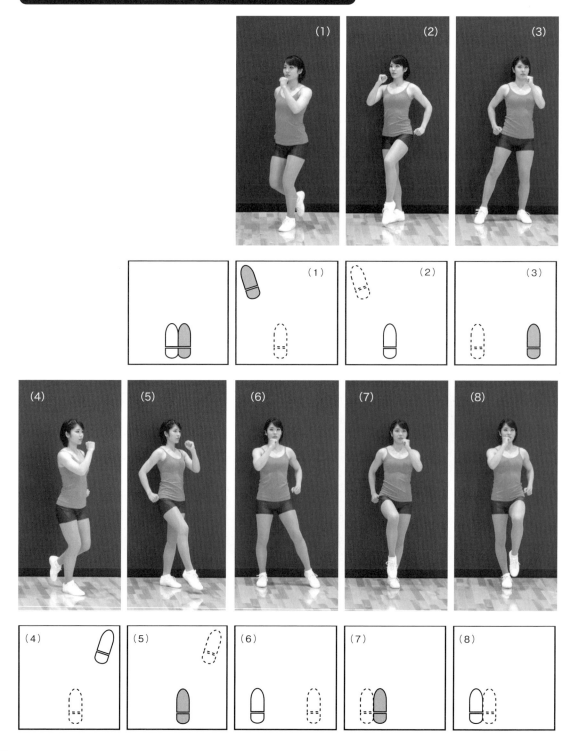

【動き方・注意すべきこと】

・1c目と4c目は前斜め45°くらいの方向に踏み込む。このとき真横に向かないようにする。
・1c目と4c目に踏み込む際，膝をやわらかく曲げ，体幹が前に倒れないようにする。
・踏み込んだ足と同じ側の手を前に振り込む。

⑦ 3拍子マンボ（1c目横に踏む）＆2マーチ　非対称8c　　スパイダーともいう

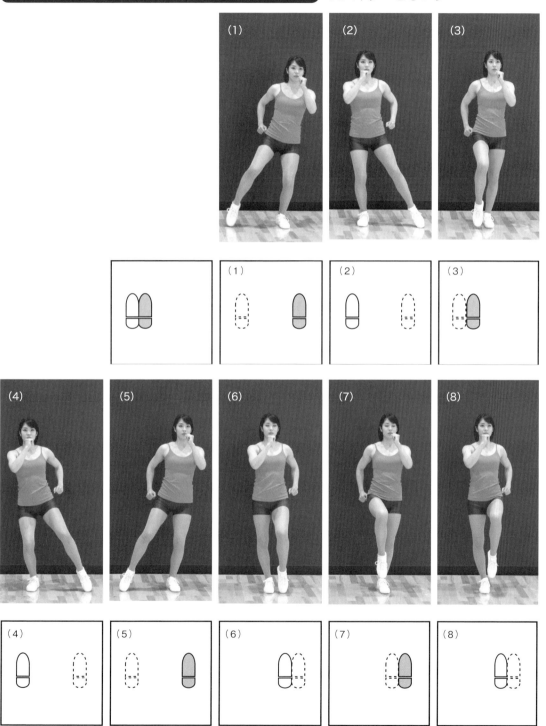

【動き方・注意すべきこと】

・1c目と4c目に踏み込む際，膝をやわらかく曲げるようにする。

・1c目と4c目に踏み込む際，しっかりと外側の足に体重をかける。

・踏み込んだ足と同じ側の手を前に振り込む。

⑧ 3拍子マンボ（2c目前に踏む）＆2マーチ　非対称8c

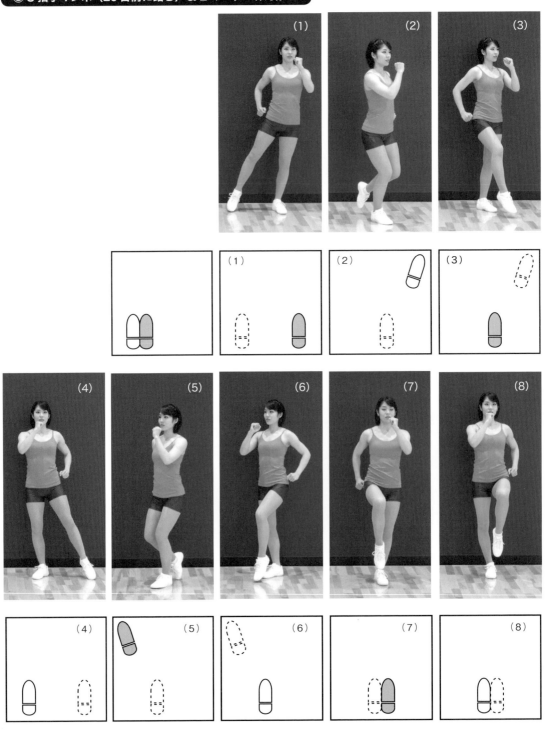

【動き方・注意すべきこと】

・2c目と5c目は，前斜め45°くらいの方向に踏み込む。このとき真横に向かないようにする。

・2c目と5c目に踏み込む際，膝をやわらかく曲げ，体幹が前に倒れないようにする。

・踏み込んだ足と同じ側の手を前に振り込む。

⑨ 3拍子マンボ（2c目斜め後ろに踏む）＆2マーチ　非対称8c

【動き方・注意すべきこと】

・後ろに踏み込んだ足と同じ側の手を前に振り込む。

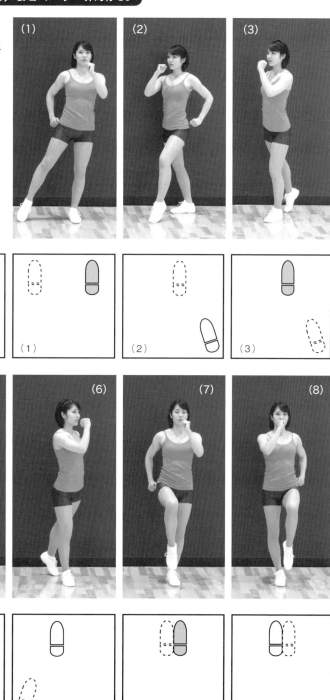

●○● ステップタッチを原型とするステップ

①ステップタッチ（基本） 対称 4c

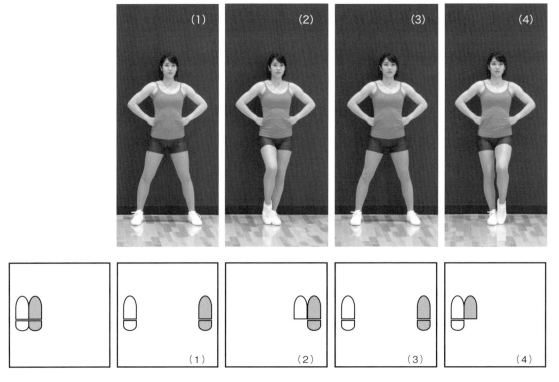

【動き方・注意すべきこと】

・タッチのとき（2c と 4c）は，つま先だけでなく膝も閉じる。股関節を外旋せず，内腿を引き寄せるイメージで行うとよい。

・ステップタッチにおいても，原則通り，8 カウントを 1 ト 2 ト 3 ト 4 ト……とカウントした場合，"1"では重心が下がり"ト"では重心が上がる。すなわち，ステップ（1 ト）のときもタッチ（2 ト）のときも重心が小さくダウン・アップする。

ステップタッチ（アップダウン）　対称 4c

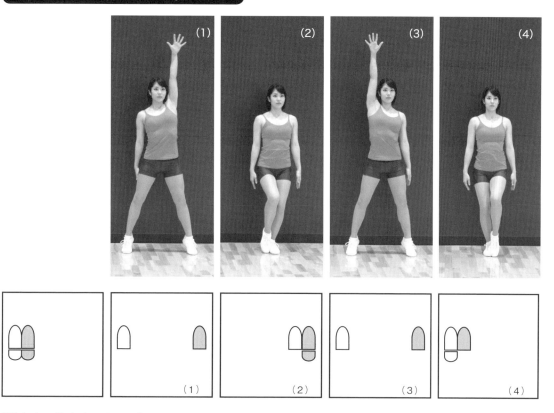

【動き方・注意すべきこと】

・ステップ（1ト）のとき重心が高く，タッチ（2ト）のとき重心が低くなる。足を開いたときは，できればつま先立ちになる。

・写真では，定番とされる上肢の動きを伴っている。重心の上下動に合わせて，手を上げたり下げたりするので，上肢の動きが重心の上下動を助ける働きをする。

・この場合も，基本のステップタッチと同様に，ステップ（1ト）のときもタッチ（2ト）のときも重心が小さくダウン・アップする。

ステップタッチ（ダウンアップ）　対称 4c

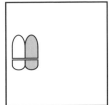 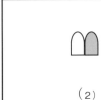 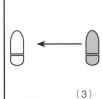 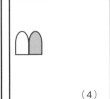

【動き方・注意すべきこと】

- ステップ（1ト）のとき重心が低く，タッチ（2ト）のとき重心が高くなる。足を閉じたときは，できればつま先立ちになる。
- 足を開いたときに，お尻を後ろに突き出さないようする。
- この場合も，基本のステップタッチと同様に，ステップ（1ト）のときもタッチ（2ト）のときも重心が小さくダウン・アップする。

ツーサイド　対称 8c　　グレープバインが難しい場合に，替わりのステップとして使える

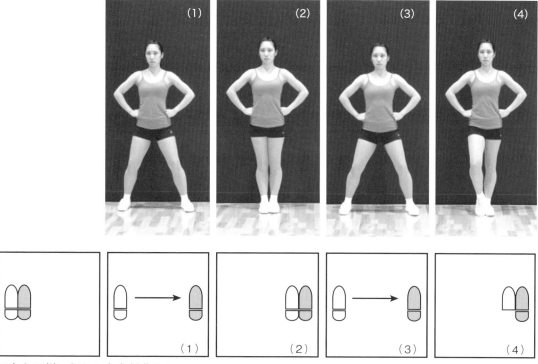

※左も同様に行うと左右対称となる。

ツーサイド（4c 目と 8c 目にカール）　対称 8c

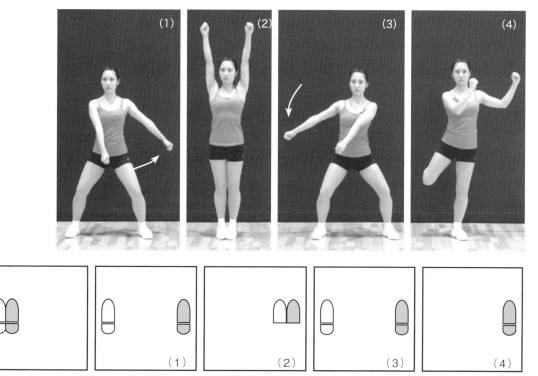

※左も同様に行うと左右対称となる。

【動き方・注意すべきこと】
・2c目でつま先立ちになるとき重心が高くなる。ハイインパクト的なやり方として，2c目に空中で足を閉じる方法もある。
・写真では，定番とされる上肢の動き，すなわち両手を右に回す動きを伴っている。この上肢の動きにより，右と上方への推進力を得ている（右リードの場合）。

②ランジアップ　対称4c

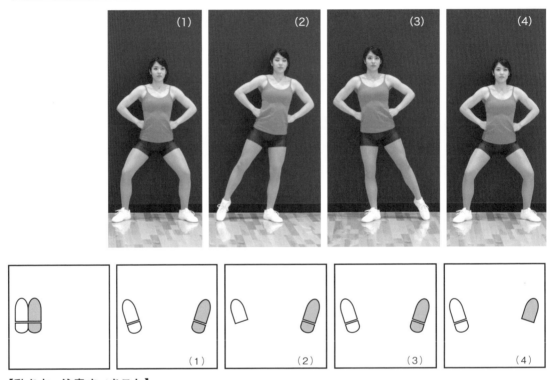

【動き方・注意すべきこと】
・ウォーミングアップで使われることの多いステップである。2c目と4c目で体重がかかっていないほうのつま先が軸足のほうに寄ってこないように注意する。つま先を遠くにタッチするよう意識するとよい。

③グレープバイン　対称8c　　ぶどうのつるの意味

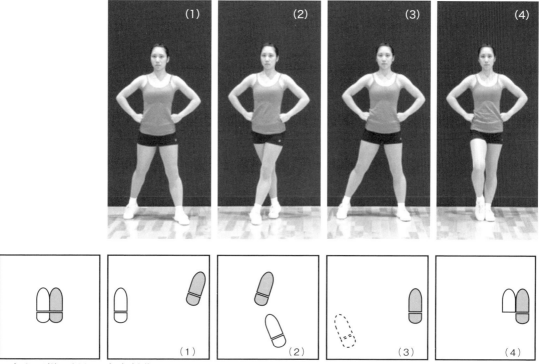

※左も同様に行うと左右対称となる。

【動き方・注意すべきこと】

- 1歩目を踵から出すように意識する。
- 1歩目は少し外股で斜め前に出す（1c）。1歩目を内股に出してしまうことがよくあるので注意する。
- 1歩目を内股に出すと、横方向に向かって後退するような動きになりがちなので、おへそを前に向けたまま横移動するようにする。
- 1歩目を出す際（1c）、体幹が前に倒れやすいので注意する。
- 1歩目を出す際（1c）、腰が引けやすいので注意する。
- 最後のタッチ（4c）はステップタッチ同様、つま先だけでなく膝も閉じる。股関節を外旋せず、内腿を引き寄せるイメージで行うとよい。
- ダイナミックに動く場合は、2歩目の足を後ろに交差するときに重心が高くなる。
- ダイナミックに行う場合は、8c目（左足）と4c目（右足）でホップして始めてもよい（右リードの場合）。ホップとは片足で踏み切り小さく跳んで同じ足で着地すること。

④ギャロップ　対称8c

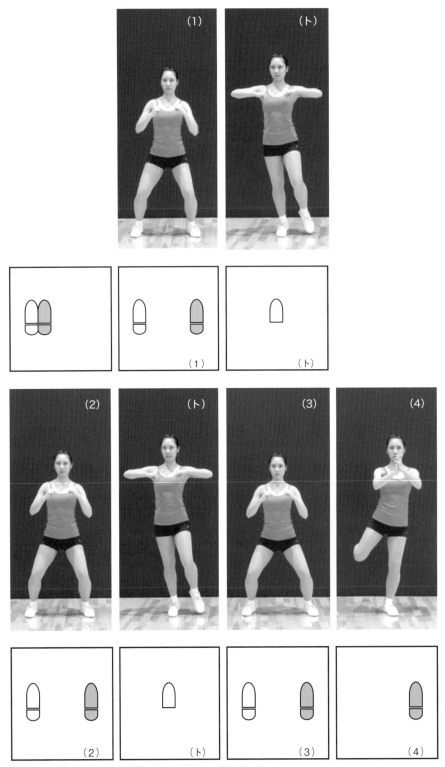

※左も同様に行うと左右対称となる。

【動き方・注意すべきこと】

- "1"と"ト"の間，および"2"と"ト"の間で両足が床から離れると，ハイインパクトのステップとなる。グレープバインから展開することが多い。
- 写真では，定番とされる上肢の動き（わくわく）を伴っている。重心が高くなる"ト"で肘が高くなる。すなわち，重心の上下動に合わせて，手を上げたり下げたりするので，上肢の動きが重心の上下動を助ける働きをしている。

⑤レッグカール　対称4c

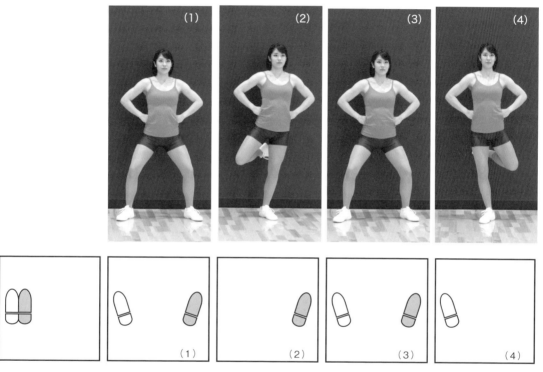

【動き方・注意すべきこと】

- 写真は，1回ずつ蹴り上げるレッグカールである。2回ずつ蹴り上げるやり方もある。1回ずつ行うことをシングル，2回ずつ行うことをダブルという。
- 脚をカールするとき，腰がそらないようにする。
- 2c目に両手を引くような手をつけると，両手を前に出すときに体幹の前傾が起こりやすいが，2c目に両手を前に押すような手をつけると，前傾が起こりにくくお腹に力が入りやすい。
- レッグカールにおいても，原則通り，8カウントを1ト2ト3ト4ト……とカウントした場合，"1"では重心が下がり"ト"では重心が上がる。すなわち，両膝を曲げたとき（1ト）も，膝を伸ばしながらもう一方の脚をカールするとき（2ト）も重心が小さくダウン・アップする。
- 両膝を曲げるときは，当然，股関節も屈曲するが，腰が引けないようにする。
- 膝を伸ばすときには股関節も伸ばすように意識する。ただし，完全に伸ばしきってしまうとはずめないので伸ばしきらないように注意する。

⑥ツーリピーター　対称8c

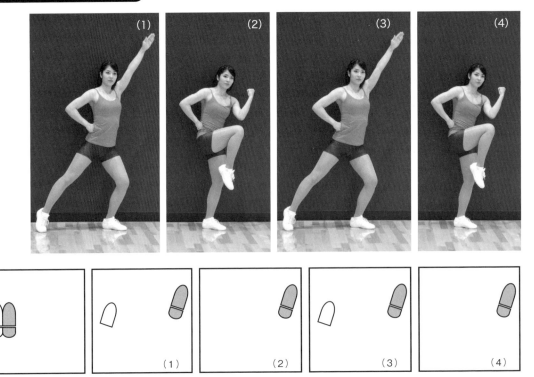

※左も同様に行うと左右対称となる。

【動き方・注意すべきこと】

- 写真では，定番とされる上肢の動きを伴っている。右手の指先と左の足先が一直線になるようにする。また，右手の指先と左の足先を逆方向に引っ張るようにするのがコツである（右リードの場合）。
- 膝を持ち上げたとき，足首が背屈しないようにする。足首を伸ばすイメージで行う（底屈）。
- 腰をそって反動を使わないように注意する。
- 手を伸ばしたときに，手が肩より後ろにいかないようにする。手が視界に入るイメージで行う。
- 同様のやり方で，膝を4回持ち上げることをフォーリピーターという。

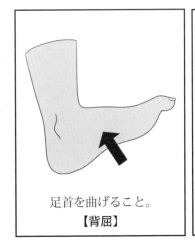

足首を曲げること。
【背屈】

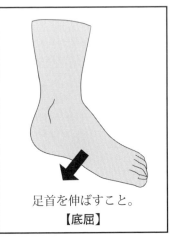

足首を伸ばすこと。
【底屈】

⑦ツイスト・シングル　対称 2c

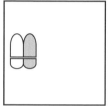 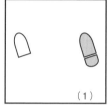 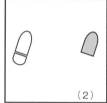 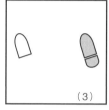 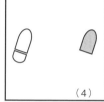

【動き方・注意すべきこと】

・つま先を軸にして，踵(かかと)を右左にずらすように行う。

・このように 1 カウントずつ右左と切り替えるパターンをシングルという。

・お尻を右左と振るようなイメージなので，ヒップシェイクとも呼ばれる。

・ローインパクトでは，常につま先が着地している状態となるが，重心は両足の中間ではなく，しっかりと右足（1c），左足（2c），右足（3c），左足（4c）と乗せ替えるようにするのがコツである。

・写真では，定番とされる上肢の動きを伴っている。1c と 3c で右肘を下げるようにしてリズムを取ることがコツである。1c と 3c で右体側を縮めるという意識も役立つかもしれない。

ツイスト・ダブル　対称 4c

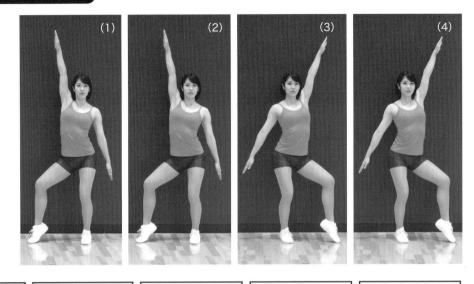

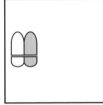 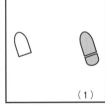 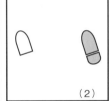 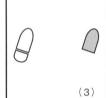 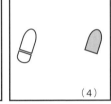

【動き方・注意すべきこと】

- つま先を軸にして，踵（かかと）を右左にずらすように行う。
- このように2カウントずつ右左と切り替えるパターンをダブルという。
- ローインパクトでは，常につま先が着地している状態となるが，重心は両足の中間ではなく，しっかりと右足（1・2c），左足（3・4c）と乗せ替えるようにするのがコツである。
- 写真では，定番とされる上肢の動きを伴っている。1c目で右肩を，3c目で左肩を少し前に出し，両肩を結んだ線が鏡に対してほんの少し斜めになるようにするのがコツである。1c目で右体側を，3c目で左体側を縮めるという意識も役立つかもしれない。

⑧シャッセ　対称 4c

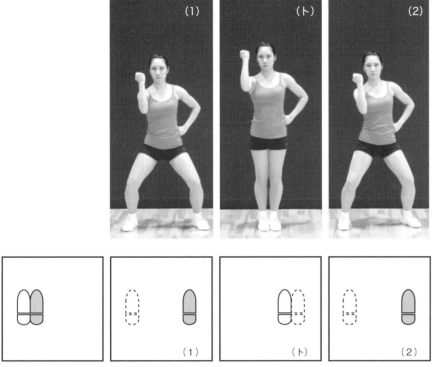

※左も同様に行うと左右対称となる。

【動き方・注意すべきこと】
・横移動ではなく前に移動しながら行うとツーステップとなる。
・足で「トトトン」というリズム刻むことが特徴的である。指導の際には，「トトトン」と声をかけることも効果的である。
・"8ト"の"ト"（左足に体重）と，"2ト"の"ト"（右足に体重）で，予備動作として重心を下げるようにする。
・写真は，定番とされる上肢の動きを伴っている。"1ト2ト"の"1"と"2"で肘を下げるようにしてリズムを取ることがコツである。指導の際には，肘を下げるタイミングで「トン，トン」と声をかけることも効果的である。ただし，足のリズムを刻むことが優先なので，肘のタイミングは足のリズムができるようになってから指導する。
・ステップタッチから展開することが多い。イメージとしては，ステップホップに近い。

⑨シャッセ＆2マーチ　対称8c

(1)

(ト)

(2)

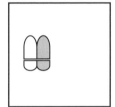
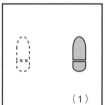
(1)
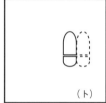
(ト)
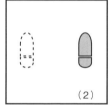
(2)

(3)

(4)

【動き方・注意すべきこと】

- 足で「トトトン」というリズム刻むことが特徴的である。指導の際には，「トトトン」と声をかけることも効果的である。
- "8ト"の"ト"（左足に体重）と，"4ト"の"ト"（右足に体重）で，予備動作として重心を下げるようにする。
- 写真は，定番とされる上肢の動きを伴っている。"1ト2ト"の"1"と"2"で肘を下げるようにしてリズムを取ることがコツである。指導の際には，肘を下げるタイミングで「トン，トン」と声をかけることも効果的である。ただし，足のリズムを刻むことが優先なので，肘のタイミングは足のリズムができるようになってから指導する。

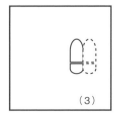
(3)
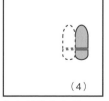
(4)

※左も同様に行うと左右対称となる。

シャッセ・バッククロス　対称8c

(1)

(ト)

(2)

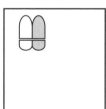

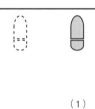
(1)

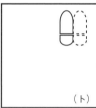
(ト)

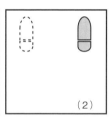
(2)

(3)

(4)

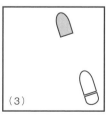
(3)

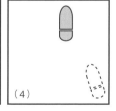
(4)

※左も同様に行うと左右対称となる。

【動き方・注意すべきこと】

・足で「トトトン」というリズム刻むことが特徴的である。指導の際には，「トトトン」と声をかけることも効果的である。

・"8ト"の"ト"（左足に体重）と，"4ト"の"ト"（右足に体重）で，予備動作として重心を下げるようにする。

・写真は，定番とされる上肢の動きを伴っている。"1ト2ト"の"1"と"2"で肘を下げるようにしてリズムを取ることがコツである。指導の際には，肘を下げるタイミングで「トン，トン」と声をかけることも効果的である。ただし，足のリズムを刻むことが優先なので，肘のタイミングは足のリズムができるようになってから指導する。

・3cと4cではマーチのように左右と踏む（右リードの場合）。3c目がタッチにならないよう注意する。

31

ヒールタッチを原型とするステップ

①ヒールタッチ（フロント）対称 4c

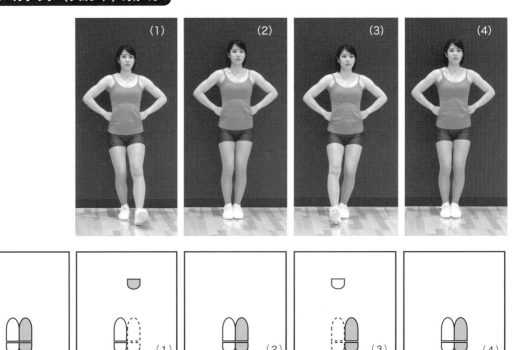

【動き方・注意すべきこと】
- タッチの踵(かかと)には体重をかけないが，タッチする踵でリズムを取るようにするのがコツである。
  指導の際には，踵のリズムに合わせて「トン，トン」と声をかけることも効果的である。

②ヒールタッチ（サイド）対称 4c

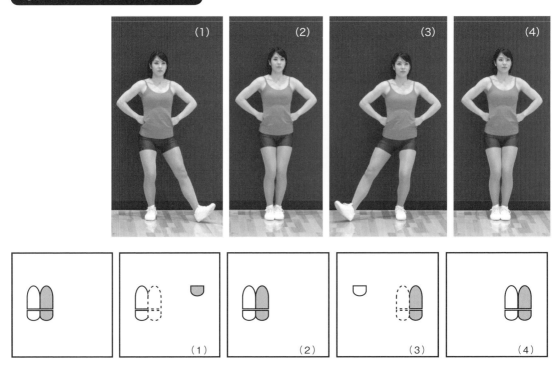

【動き方・注意すべきこと】

・タッチの踵には体重をかけないが，タッチする踵でリズムを取るようにするのがコツである。指導の際には，踵のリズムに合わせて「トン，トン」と声をかけることも効果的である。

サイドタッチ　対称4c

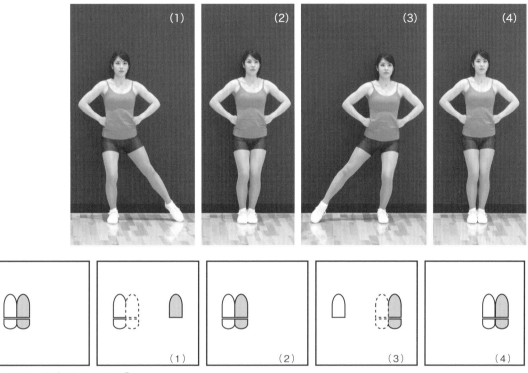

【動き方・注意すべきこと】

・タッチのつま先には体重をかけないが，タッチするつま先でリズムを取るようにするのがコツである。指導の際には，つま先のリズムに合わせて「トン，トン」と声をかけることも効果的である。
・出したつま先はできるだけ遠くに出すようにする。

③サイドランジ　対称4c

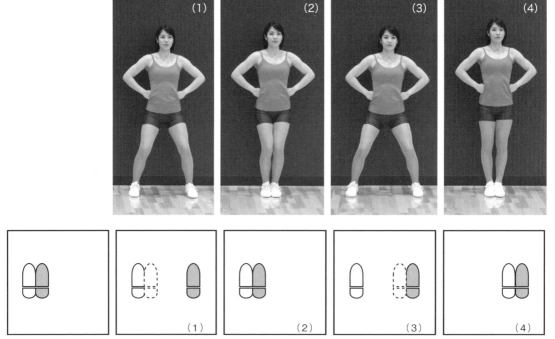

【動き方・注意すべきこと】

・サイドタッチとは異なり，出した足に体重をかけ，しっかり床を押して軸足のところに戻ってくるようにする。

・足を引き寄せる際は，内腿（うちもも）を引き寄せるようにするのがコツである。

・1c目と3c目で足を踏み出す際は，体重が左右の足に均等にかかるようにする。

・2c目と4c目で足をそろえるとき重心は高くなる。よって，上肢の動きをつけるのであれば，深呼吸のような手をつけると重心の上下動を助けることができる。

・競技的なやり方では，足を踏み出す際，股関節を外旋してジャンピングジャックのようなポジションをとるが，軸足に引き寄せる際は，股関節を内旋して再びつま先がまっすぐ前を向くようにそろえる。

④バックランジ　対称4c

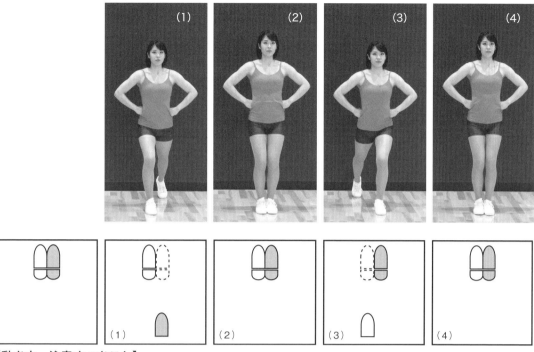

【動き方・注意すべきこと】
- 後ろに出す足は，膝を伸ばしたまままっすぐ後ろに引くようにする。
- 足をそろえるとき重心が高くなる。このとき内腿を引き寄せるようにしながら，お腹も引き締めるようにするのがコツである。

バックランジ（斜め）　対称4c

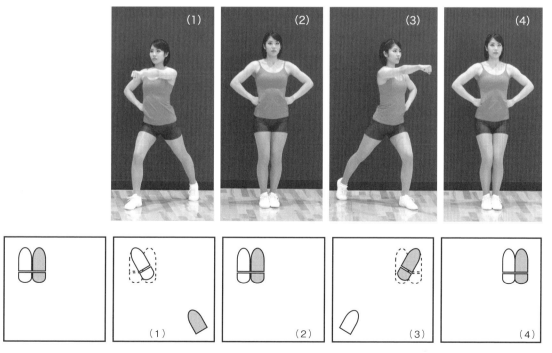

【動き方・注意すべきこと】

・バックランジは，このように斜め後ろに引く方法で行うことが多いかもしれない。

・後ろに出す足は，膝を伸ばしたまま後ろに引くようにする。

・後ろに出す足は，後ろ斜め45°くらいの方向に引くのがよい。このとき真横に向かないように注意する。

・足をそろえるとき重心が高くなる。このとき，内腿（うちもも）を引き寄せるようにしながら，お腹も引き締めるようにするのがコツである。

・写真では，定番とされる上肢の動きを伴っている。前に出す手は甲を上に向けて出し，前に出した手と後ろに引いた足を逆方向に引っ張るようにするのがコツである。

⑤ステップニー&2マーチ　対称8c

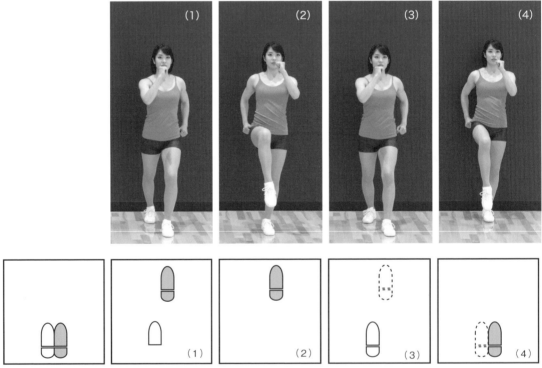

※左も同様に行うと左右対称となる。

【動き方・注意すべきこと】

・1歩目前に踏み込む際は，体重をしっかりかけて，反対側の膝を持ち上げるときに軸脚を伸ばすようにする。

・「ウンハー」という声がけも効果的である。「ウン」で踏み込み，「ハー」で膝を持ち上げる。

・ハイインパクト的なやり方として，2c目で軸足の踵（かかと）を上げつま先立ちになる方法もある。

・さらにハイインパクト的なやり方として，2c目でホップする方法もある。

⑥ステップツイスト　対称8c

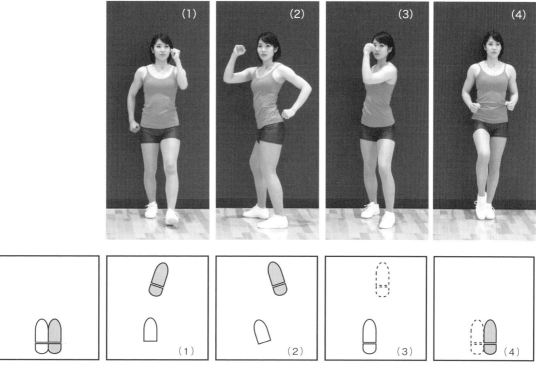

※左も同様に行うと左右対称となる。

【動き方・注意すべきこと】

・1c目で足を前に出す際，次のツイストへの予備動作として少し外股に出すのがコツである。
・1c目で足を前に出す際は，出した足に体重をかけ過ぎないようにし，2c目でしっかり体重をかけるようにするのがコツである。
・1c目で足を前に出す際，前に出す足と同じ側の手を前に出すようにする。
・2c目で前方にお尻を振るようする。

⑦マンボシャッセ　対称 8c

【動き方・注意すべきこと】

- 1c 目に踏み込む際，前斜め 45°くらいの方向に踏み込むようにする。このとき真横を向かないように注意する。
- 写真では，定番とされる上肢の動きを伴っている。2c 目に両手を胸の前で合わせるようにする。3〜4c では左右の手を逆方向に引っ張るようにし，さらに頭と足先を上下逆方向に引っ張るようにするのがコツである。
- ハイインパクト的なやり方として，"3ト4"の"ト"のときに空中で足を閉じる方法もある。

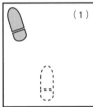
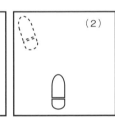

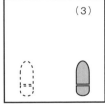
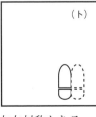
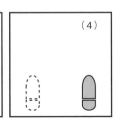

※左も同様に行うと左右対称となる。

《2》ハイインパクト

マーチを原型とするステップ

①ジョグ　対称 2c

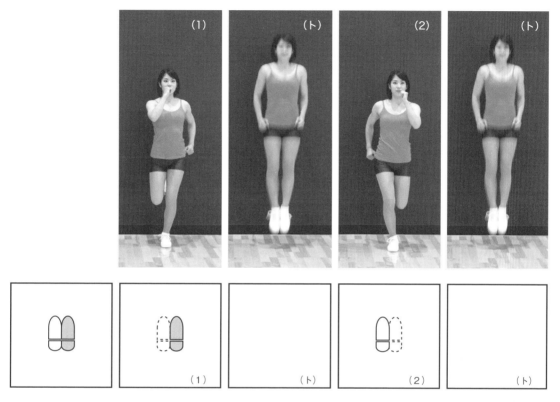

【動き方・注意すべきこと】

・手を交互に振りながらできるようにする。その際，踏む足と同じ側の手を前に振り込み，肘の角度は変えず，肩関節を動かすようにする。肘を胴体より後ろに引くようにするのがコツである。

・つま先から着地するが踵（かかと）が浮いたままにならないように，必ず踵も床につけるようにする。

ステップタッチを原型とするステップ

①ステップホップ　対称4c

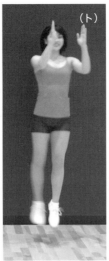

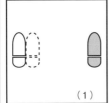

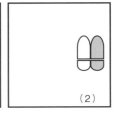

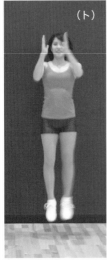

【動き方・注意すべきこと】

- 写真では，定番とされる上肢の動きを伴い前進している。このように行うことが多い。
- 両手を前に振ることにより，前方と上方への推進力を得ている。
- 着地と拍手のタイミングを合わせる。
- "8ト"の"ト"と"2ト"の"ト"で，予備動作として，両肘を後ろに引くようにする。

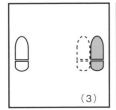

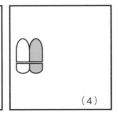

②ケンケン　対称 4c

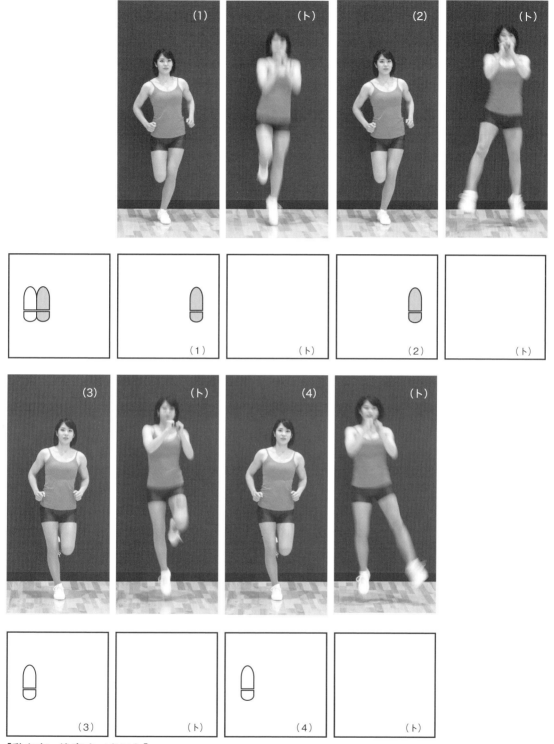

【動き方・注意すべきこと】
・写真では定番とされる上肢の動き，すなわち，肘を曲げ両手を前後に振る動作を伴っている。上肢の動きが重心の上下動を助けるような働きをしている。

- つま先から着地するが踵(かかと)が浮いたままにならないように，必ず踵も床につけるようにする。
- その場で跳ぶのではなく，右と左に移動しながら跳ぶ。片脚着地の際，両脚の間に隙間ができないように，内腿(うちもも)の筋肉（股関節内転筋）で軸足に引き寄せる必要がある。

③ポニー　対称4c

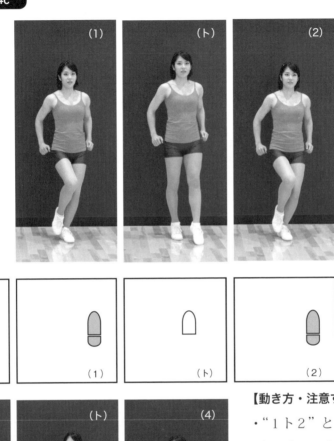

【動き方・注意すべきこと】

- "1ト2"と"3ト4"で「ト・ト・トン」と3つリズムを刻むが，2歩目の"ト"はつま先立ちで重心を高くし体重をかけすぎないようにする。「強・弱・強」というイメージである。
- 写真では，定番とされる上肢の動きを伴っている。上肢の動きはケンケンと同じである。
- ケンケンと似たステップである。強度はケンケンより低いが，ケンケンより難しいステップである。

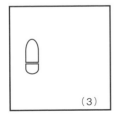 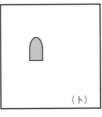 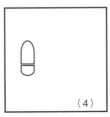

42　Ⅱ章　手本となる動きを見せる

④ツイスト・シングル　対称2c

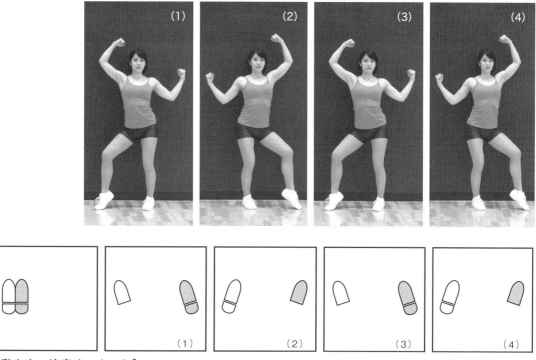

【動き方・注意すべきこと】
・ハイインパクトでは，体重を右から左，左から右に乗せ替える際，一瞬両脚が床から離れ跳び上がる。その他の注意点についてはローインパクトのツイスト・シングルと同じである。

ツイスト・ダブル　対称4c

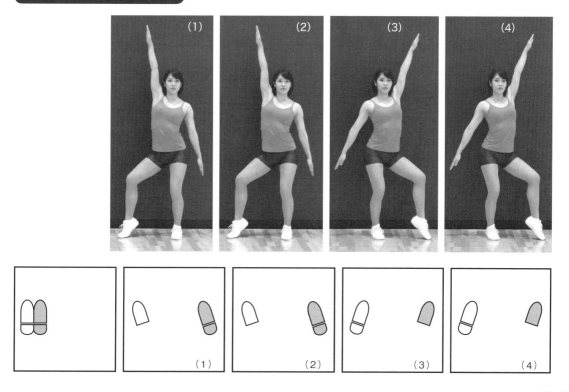

【動き方・注意すべきこと】

・ハイインパクトでは，体重を右から左，左から右に乗せ替える際，一瞬両脚が床から離れ跳び上がる。その他の注意点については，ローインパクトのツイスト・ダブルと同じである。

⑤ヒールジャック　対称4c

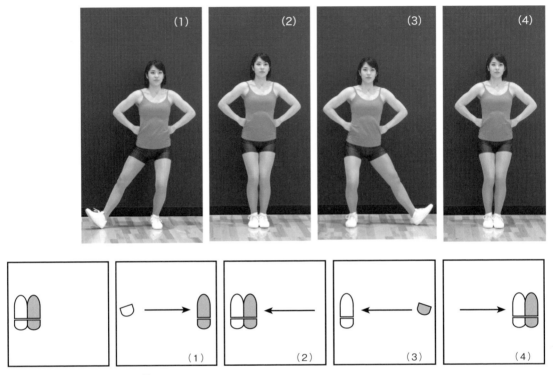

【動き方・注意すべきこと】

・正しく行うのが難しいステップである。両足で踏み切って右に移動し（1c），右足で踏み切って左足のところに両足で戻る（2c）。同じく，両足で踏み切って左に移動し（3c），左足で踏み切って右足のところに両足で戻る（4c）。すなわち，右足（1c），両足（2c），左足（3c），両足（4c）と体重をかけている。

・足型ではわかりにくいが，2c目と4c目に両足を閉じる場所が中央で，右と左に跳びながら移動するステップである。右と左に移動するので，ステップタッチから展開することが多い。

⑥ピエロジャック　対称4c

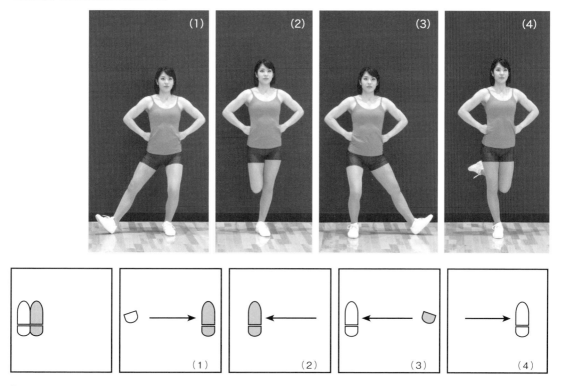

【動き方・注意すべきこと】

- ヒールジャックに似たステップである。
- 正しく行うのが難しいステップである。両足で踏み切って右に移動し（1c），右足で踏み切って左足のところに右足で戻る（2c）。このとき右足で立ち，左脚はレッグカールのように後ろに巻き上げる。つづいて，右足で踏み切って左に移動し（3c），左足で踏み切って右足のところに左足で戻る（4c）。このとき左足で立ち右脚はレッグカールのように後ろに巻き上げる。すなわち，右足（1c），右足（2c），左足（3c），左足（4c）と体重をかけている。かなり内腿の筋肉（股関節内転筋）の力が必要である。
- 足型ではわかりにくいが，2c目と4c目に片足で立つ場所が中央で，右と左に跳びながら移動するステップである。右と左に移動し，かつ2c目と4c目で左脚と右脚をカールするので，レッグカールから展開することが多い。
- 1c目で右肩を，3c目で左肩を少し前に出し，両肩を結んだ線が鏡に対してほんの少し斜めになるようにするのがコツである。

ヒールタッチを原型とするステップ

①ヒールタッチ（フロント） 対称 4c

【動き方・注意すべきこと】
・足型と写真はローインパクと同じものだが，実際には 1c 目と 2c 目の間に両足が床から離れる瞬間がある。

 (1)
 (2)
 (3)
 (4)

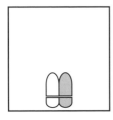
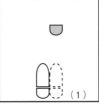 (1)
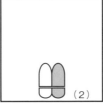 (2)
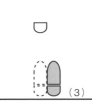 (3)
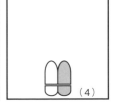 (4)

②フロントキック 対称 4c

 (1)
 (2)
 (3)
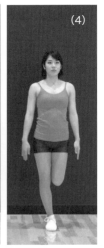 (4)

 (1)
 (2)
 (3)
 (4)

【動き方・注意すべきこと】

・写真では定番とされる上肢の動きを伴っている。
・"1"と"3"で蹴り出す。
・蹴るための予備動作として"8"と"2"と"4"で後ろに巻き上げる。
・足を蹴り出すとき，蹴り出した脚とともに軸脚の膝も伸ばすようにする。
・蹴り出す足のつま先も伸ばす（底屈）が，末端に力を入れるというより斜め下に引っ張るイメージで行うのがコツである。

③サイドキック　対称 4c

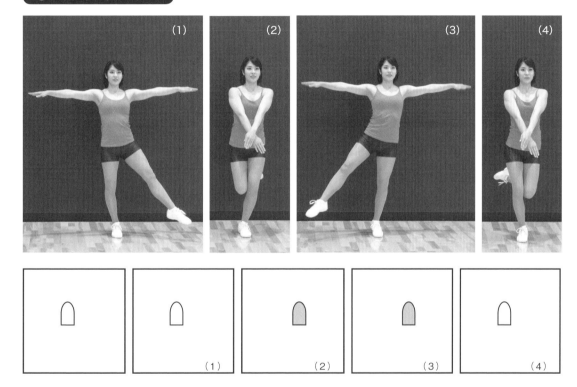

【動き方・注意すべきこと】

・写真では定番とされる上肢の動きを伴っている。両手を左右逆方向に引っ張るようにするのがコツである。
・"1"と"3"で蹴り出す。
・蹴るための予備動作として"8"と"2"と"4"で後ろに巻き上げる。
・脚を巻き上げる際，両脚の間にひし形の隙間ができないようにする。両膝を閉じるようにするのがコツである。
・足を蹴り出すとき，蹴り出した脚とともに軸脚の膝も伸ばすようにする。
・両脚の股関節をやや外旋する。膝を前ではなく上に向けるイメージである。また，蹴り出す際，左右逆方向に引っ張るようにするのがコツである。

④バックキック　対称4c

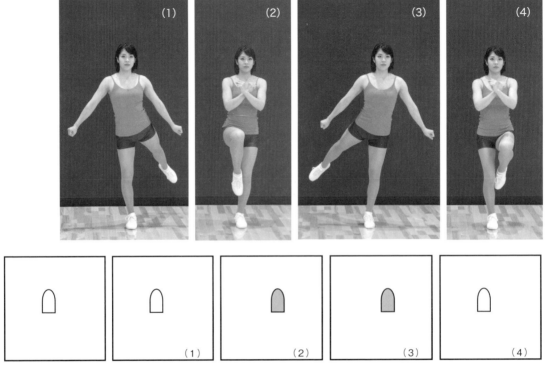

【動き方・注意すべきこと】
- 写真では定番とされる上肢の動きを伴っている。
- "1"と"3"で蹴り出す。
- 蹴るための予備動作として"8"と"2"と"4"で前に膝を持ち上げる。
- 後ろに蹴る際は，後ろに脚を上げるというより，斜め下に突きさすようなイメージである。
- 足を後ろ斜め下に突きさすと同時に，軸脚の膝を伸ばし，お腹を引き締め，さらに頭を上に引っ張るようにする。
- 蹴る脚の股関節は外旋し，ウエストから下を上げている脚のほうにやや回旋してよい。ただし，両肩を結んだ線は鏡と平行のままである。

⑤ニーアップ　対称 4c

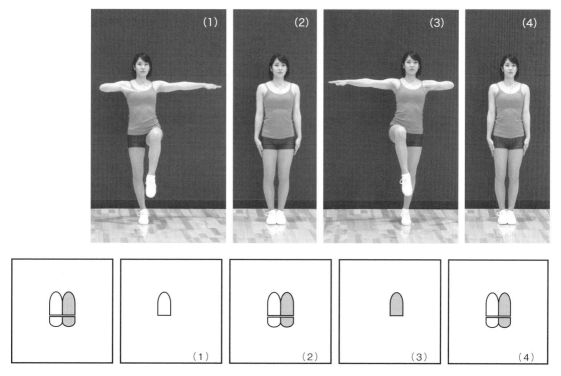

【動き方・注意すべきこと】

・写真では定番とされる上肢の動きを伴っている。

・"1"と"3"で膝を持ち上げる。

・膝を持ち上げるとき，軸脚の膝を伸ばしお腹を引き締め，さらに頭を上に引っ張るようにする。

・持ち上げた足のつま先は伸ばす（底屈）。

ジャンピングジャックを原型とするステップ

①ジャンピングジャック　対称2c

  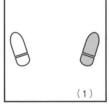  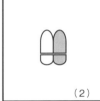

【動き方・注意すべきこと】
- ジャンプして両足を開く際，股関節を外旋して着地する。このとき，両膝をつま先の方向にやわらかく曲げる。
- 再びジャンプして両足を閉じる際，股関節を内旋し，つま先をまっすぐ前に向けて着地する。

②シザージャック　対称4c　　足をそろえず，前後の足を入れ替えるやり方もある

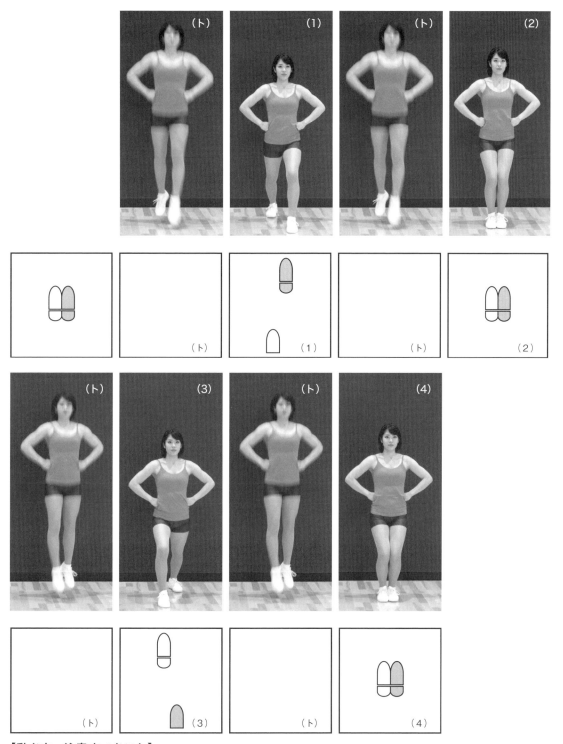

【動き方・注意すべきこと】

・ジャンプして前後に脚を開く際，なるべく大きく開くようにする。

・前後に足を開いて着地した際は，後ろの脚の膝は伸ばし，前の脚の膝は曲げる。

・股関節は外旋しない。よって，前の足も後ろの足も，なるべくつま先が前を向くようにする。

3　上肢の動きの紹介

　ここでは，いくつかの代表的なステップに合う上肢の動きを紹介する。ここにあげられた上肢の動きは，一見難しく見えても，実は脚や重心の動きを助けるようなものが多い。上肢の動きがステップに対して有効かどうかは非常に重要であり，センスが問われる部分でもある。しかし，既成概念にとらわれず，独創的な上肢の動きを考え出すことができればすばらしいし，ここにあげられた上肢の動きを別のステップに利用できないか考えてみるのもよい。実際，ステップタッチやグレープバイン，レッグカールなどは，共有できるものが多い。

　また，手先があいまいになりがちだが，パーなのかグーなのか，指はそろえるのか開くのか，違いがわかるように見せることが大切である。下記に手の基本形4種類を写真で示す。また，手を腰におくときは，手の甲を腰につけたり，手のひらで腰をつかむのではなく，手をグーにして甲を前に向けるようにし，指のつけ根を腰につけるようにするのがよい。またこのとき，肘が肩より後ろにいかないように，肩関節を内旋し肘が体の真横にくるようにする。

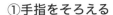

①手指をそろえる　　②パー　　③グー　　④お花

<手を腰におく>

【正しいおき方】　　　　　　　【悪い例】

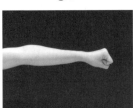

肘は体の真横に位置する。

肘が肩より後ろにいかないようにしよう。

《1》マーチ（4c）に合う上肢の動き ■■■■■■■■■■■■■■■■

①両手をグーにして，1cと3cで前にパンチ。小指を下にして出したほうが猫パンチになりにくい。"1ト2ト"の"ト"のとき，身体の近くを通るようにする。

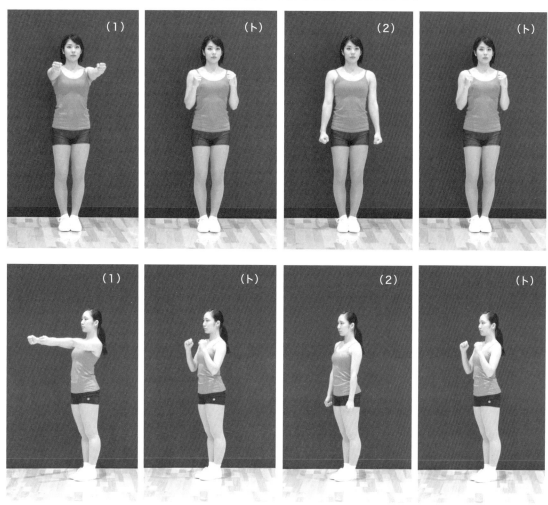

※3～4c（3ト4ト）は，1～2c（1ト2ト）と同様に行う。

②2cと4cでアームカールのように肘を曲げる。肘を伸ばしたとき，手はパーで手の甲が後ろを向くようにする。肘を曲げたとき，手はグーにする。

③両手をグーにして，肘を90°くらいに曲げ，1cと3cで両肘を前方に上げる。手の甲が外を向くようにする。

④手をグーにして，肘を曲げたまま横で上げ下げする。1c, 2c, 3c, 4c で肘を下げる。肘を下げるほうを意識してリズミカルに行う。「わくわく」と表現することもある。

※3〜4c（3ト4ト）は，1〜2c（1ト2ト）と同様に行う。

⑤両手をパーにして，1c と 3c で額の前で交差するように上げる。下げたときは手をグーにしてもよい。

3 マーチ＆タッチ（4c）に合う上肢の動き

⑥ 1〜2c で両手を後ろに振り込み，3c で開いて 4c で拍手する。

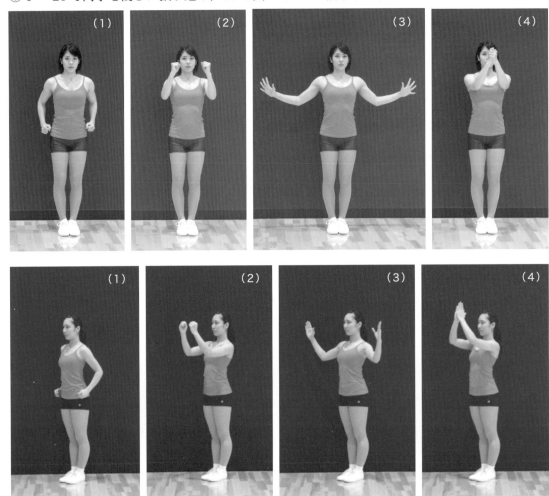

⑦拍手を後ろ（1c），前（2c），後ろ（3c），前（4c）と行う。

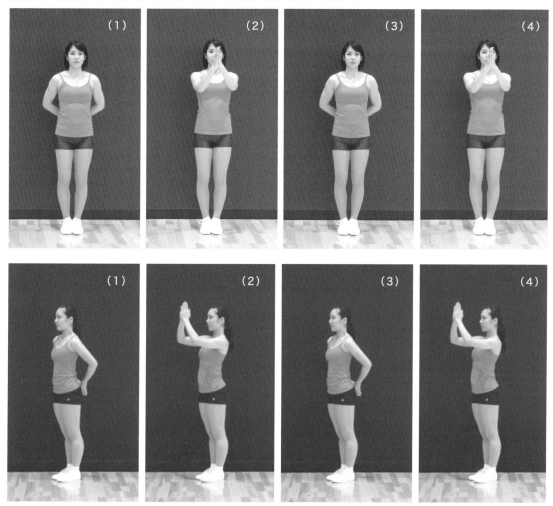

《2》ボックス（4c）に合う上肢の動き

①手をグーにして，肘を曲げたまま横で上げ下げする。1c，2c，3c，4cで肘を下げる。肘を下げるほうを意識して行う。「わくわく」と表現することもある。⇨《1》の④（p.55）と同じ

②手をグーにして，両手右（1c），両手左（2c），両手右（3c），両手左（4c）と動かす。これは右リードである。左リードでは左右を逆に行う。また，両手を右にするときは，右手を伸ばして左肘は曲げ，両手を左にするときは，左手を伸ばして右肘は曲げる。曲げたほうの肘が下がらないように，両腕とも水平になるようにするのがコツである。

③両手を伸ばしたまま左に2回回す。これは右リードである。左リードでは左右を逆に行う。できるだけ，肘が曲がらないようにする。

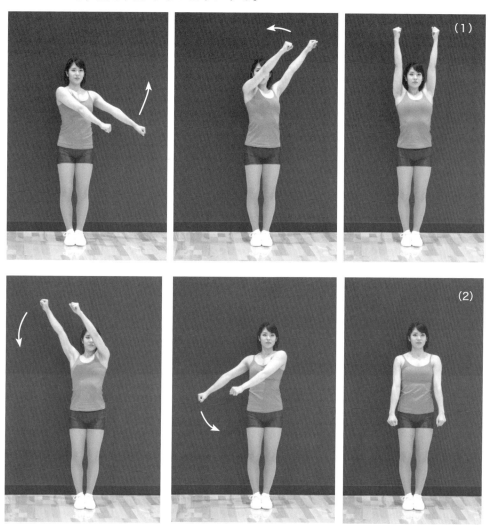

※3〜4cは，1〜2cと同様に行う。

《3》Vステップ（4c）に合う上肢の動き

①Vステップにおいて定番の上肢の動きである。手をパーにして，右手斜め上（1c），左手斜め上（2c），右手胸の前（3c），左手胸の前（4c）と動かす。これは右リードである。左リードでは左右を逆に行う。前の振りによっては，最初，両手を下げた状態から始めることもある。その場合は，胸の前を経由せず，下から直線的に斜め上にもっていくのがよい（Ⅲ章-**5**上肢の動きのつながり，p.98〜100参照）。いずれの場合も，伸ばしたとき，胸の中心から指先を遠くに引っ張るようにするのがコツである。また，手を伸ばしたとき，手首が小指のほうに曲がらないようにする。

手首が小指のほうに曲がらないようにしよう。
【悪い例】

②左手を右斜め前にパンチ（1c），右手を左斜め前にパンチ（2c），その後拍手を2回行う（3〜4c）。これは右リードである。左リードでは左右を逆に行う。

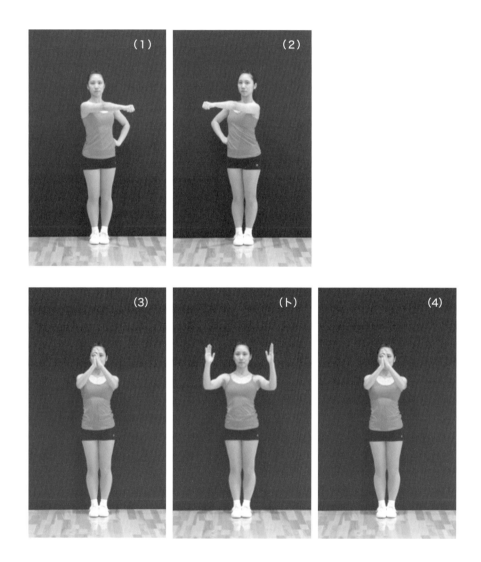

《4》A ステップ（4c）に合う上肢の動き ■■■■■■■■■■■■■■

① A ステップにおいて定番の上肢の動きである。手をパーにして，右手斜め下（1c），左手斜め下（2c），右手胸の前（3c），左手胸の前（4c）と動かす。これは右リードである。左リードでは左右を逆に行う。伸ばしたとき，胸の中心から指先を遠くに引っ張るようにするのがコツである。

②両手を下から上に内まわしで回し（1c），頭上で両手を合わせて組み（2c），胸の前に下ろし（3c），キープする（4c）。

 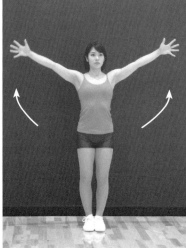  

《5》ステップタッチ（4c）に合う上肢の動き

①ステップタッチにおいて定番の上肢の動きである。2c と 4c で拍手する。カスタネットをたたくときのように，肘から先だけを動かすのではなく，肩関節を動かすようにする。手を開いたとき左右の手の距離を少し広めにとるのがコツである。

②手指はそろえて，両手を伸ばしたまま，横に開く（1c），閉じる（2c），開く（3c），閉じる（4c）と動かす。横に開いたとき手のひらを下に向ける。

③手をパーにして，両手を横に伸ばす（1c），曲げる（2c），横に伸ばす（3c），曲げる（4c）と動かす。横に伸ばしたとき，手のひらを前に向ける。伸ばしたとき，胸の中心から指先を遠くに引っ張るようにするのがコツである。肘を曲げたときには，手をグーにする。

④肘を曲げたまま横で上げ下げする。1c，2c，3c，4c で肘を下げる。肘を下げるほうを意識して行う。「わくわく」と表現することもある。⇨《1》の④（p.55）と同じ

⑤移動する方向の手をパーにして，真上に上げて下ろす。上に上げたとき，手のひらを前に向け，体側が伸ばされるのを感じるくらい上に引っ張るようにするのがコツである。ただし，肩は上がらない。

⑥手遊びの"糸巻き"のように両手を軽くにぎってぐるぐる回す。その際，手前から向こうに回すようにする。「糸巻き」や「ぐるぐる」と表現することもある。できれば，右リードのときは，1c，2c，3c，4cで右手を下げてリズムを取り，左リードのときは，1c，2c，3c，4cで左手を下げてリズムを取るようにしたい。

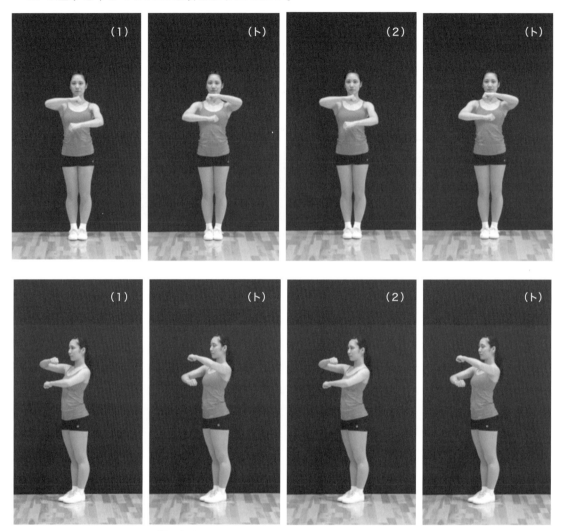

※3～4cは，1～2cと同様に行う。

⑦手をグーにして，両手を右（1c），左（2c），右（3c），左（4c）と動かす。これは右リードである。左リードでは左右を逆に行う。また，両手を右にするときは，右手を伸ばして左肘は曲げ，両手を左にするときは，左手を伸ばして右肘は曲げる。曲げたほうの肘が下がらないように，両腕とも水平になるようにするのがコツである。⇨《2》の②（p.58）と同じ

⑧手指はそろえて，深呼吸をするときのように，両手を伸ばしたまま，横（1c），上（2c），横（3c），下（4c）と動かす。横のときは手のひらを下向き，上のときは手のひらを内向きまたは前向きにする。横のときは，腕が水平になるようにする。「深呼吸の手」と表現することもある。

⑨移動する方向の腕を前頭面で下から上に外まわしで回す。

【肘を曲げて】

肘でなるべく大きな円を描くようにする。肘が最も高い位置にくるとき、肘は肩の真上にくるのがよい。

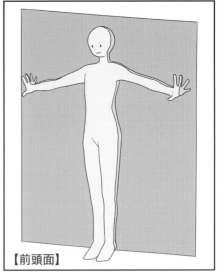
【前頭面】

(1)
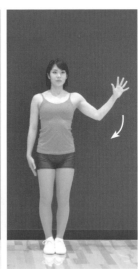

(2)

(3)

(4)

【肘を伸ばして】

　できるだけ，肘が曲がらないようにする。肩を中心として，肩より外側だけで回すのではなく，回転の前半では，肩より内側にも回すことができるとよい。力を入れるのは回し始めのみで，後は遠心力や重力にまかせるイメージである。1cでほんの少し止めるような気持ちで行うのがコツである。アップダウンのステップタッチでよく使われるが，重心の上下動を助けるように動かせるとよい。

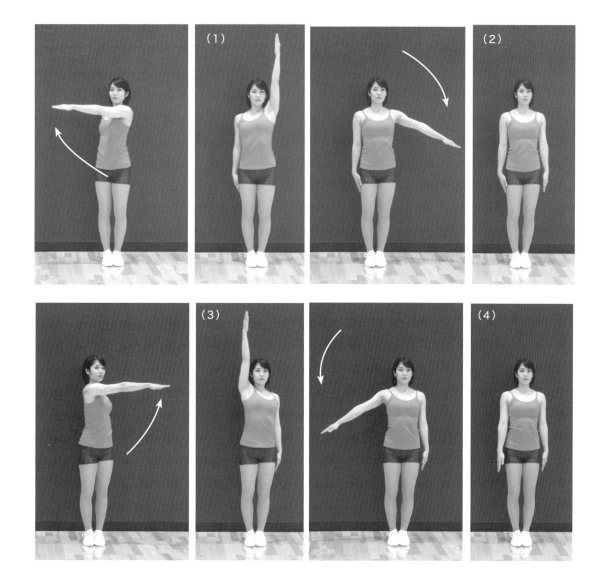

⑩移動する方向の腕を矢状面で下から上,上から後ろに回す。矢状面で肩を回すのには無理があるので,手が後ろにいくとき肩を少し後ろに引くようにしてよい。すなわち,右手を回すときであれば,ウエストから上を右に回旋してよい。

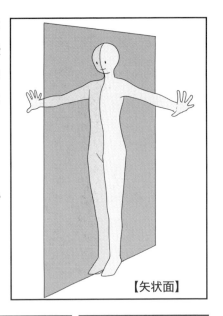
【矢状面】

【肘を曲げて】

　肘でなるべく大きな円を描くようにする。肘が最も高い位置にくるとき,肘は肩の真上にくるのがよい。

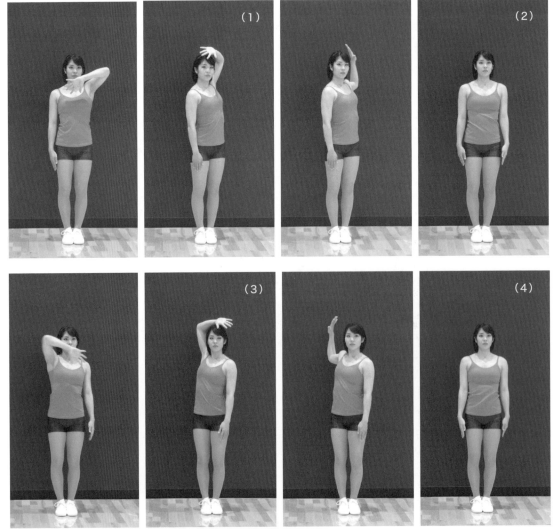

【肘を伸ばして】

　できるだけ，肘が曲がらないようにする。力を入れるのは回し始めのみで，後は遠心力や重力にまかせるイメージである。1cでほんの少し止めるよう気もちで行うのがコツである。アップダウンのステップタッチでよく使われるが，重心の上下動を助けるように動かせるとよい。

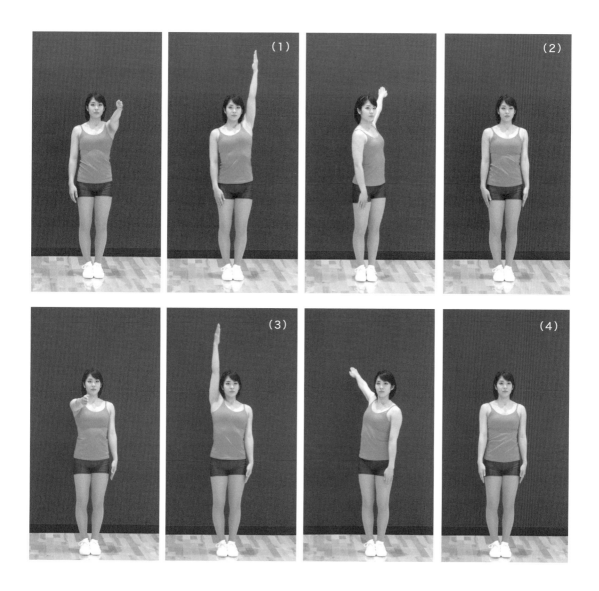

《6》グレープバイン（4c）に合う上肢の動き

① グレープバインにおいて定番の上肢の動きである。1～2c で両手を後ろに振り込み，3c で開いて 4c で拍手する。➡《1》の⑥（p.56）と同じ

② 手指はそろえて，深呼吸をするときのように，両手を伸ばしたまま，横（1c），上（2c），横（3c），下（4c）と動かす。横のときは手のひらを下向き，上のときは手のひらを内向きまたは前向きにする。横のときは，腕が水平になるようする。「深呼吸の手」と表現することもある。➡《5》の⑧（p.67）と同じ

③ 両手を下から上に外まわしで回す。1～2c で上に動かし，3～4c で下ろす。両手はグーで準備するが回すときはパーにして手が上にきたとき手のひらを正面に向けるようにする。力を入れるのは回し始めのみで，後は遠心力や重力に任せるイメージである。2c でほんの少し止めるような気もちで行うのがコツである。回し始める前の"8ト"の"ト"で，逆方向に動かす予備動作を入れるのが自然である。

（ト）

（2）

（4）

④両手をパーにして,左右対称に斜め上と斜め下に伸ばす。斜め上（1c），胸の前でクロス（2c），斜め下（3c），胸の前でクロス（4c）。伸ばしたとき，胸の中心から指先を遠くに引っ張るようにするのがコツである。

⑤両手をグーにして,両手右（1c），両手上（2c），両手左（3c），両手下（4c）と動かす。これは右リードである。左リードでは左右を逆に行う。また，両手を右（1c）では,右手を伸ばして左肘は曲げ,両手を左（3c）では,左手を伸ばして右肘は曲げる。曲げたほうの肘が下がらないように,両腕とも水平になるようにするのがコツである。

⑥両手をグーにして，右手上（1c），左手上（2c），右手右（3c），左手左（4c）に伸ばす。これは右リードである。左リードでは左右を逆に行う。また，伸ばしていないほうの肘は曲げるが，右手上（1c），左手上（2c）では，曲げているほうの脇を締め，右手右（3c），左手左（4c）では，曲げているほうの肘を上げ，両腕とも水平になるようにするのがコツである。

⑦この動きは，往復するグレープバイン(8c)に合わせて行う。行きと帰りで手の動きが異なる。手はお花にして手のひらを上に向け，両手を胸の前から横に開き（1〜4c），両手を頭上で合わせて（5c），胸の前に下ろして（6c），キープする（7〜8c）。両手を横に開き始める前の"8ト"の"ト"で，逆方向に動かす予備動作を入れるのが自然である。

《7》レッグカールに合う上肢の動き ■■■■■■■■■■■■■■■■■

①レッグカールにおいて定番の上肢の動きである。両手を前から引く。小指を下にしてパーで両手を前に伸ばし，引くときはグーにする。両手前（1c），引く（2c），両手前（3c），引く（4c）と動かす。脚の動きと合わせて行うと，腰がそりやすいので注意が必要である。レッグカールで後退するときにはお勧めしない。

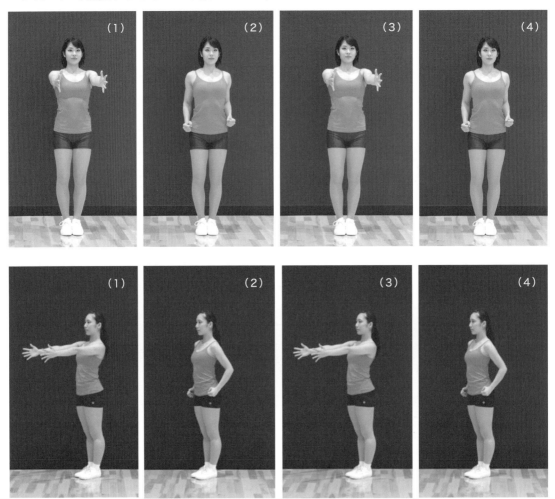

②手はパーにして,手のひらを前に向け,両手を胸の横から前に押す。胸の横（1c），前（2c），胸の横（3c），前（4c）と動かす。「両手プッシュ」と表現することもある。レッグカールで後退するときに向いている。

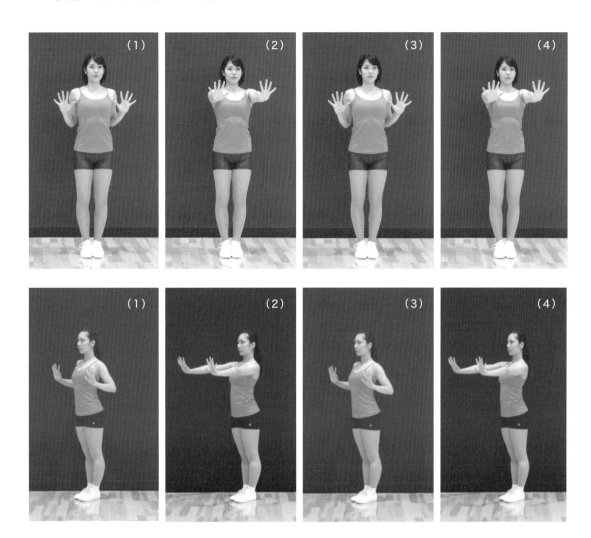

77

③ラットプルダウンのように両手を斜め上から引く。斜め上（1c），引く（2c），斜め上（3c），引く（4c）と動かす。斜め上に伸ばしたときは手をパーにし，引いたときはグーにする。伸ばしたとき，胸の中心から指先を遠くに引っ張るようにするのがコツである。

④肘を曲げたまま横で上げ下げする。1c，2c，3c，4c で肘を下げる。肘を下げるほうを意識して行う。「わくわく」と表現することもある。⇨《1》の④（p.55）と同じ

⑤ 手遊びの"糸巻き"のように両手を軽くにぎってぐるぐる回す。その際，手前から向こうに回すようにする。「糸巻き」や「ぐるぐる」と表現することもある。⇨《5》の⑥（p.66）と同じ

⑥ショートレバーでのスイングである。両手はグーにして，右にスイングし，両膝を曲げる 1c 目で両手を下げ，片脚を巻き上げる 2c 目で両肘を曲げる。同様に左にスイングし 3c 目で両手を下げ，4c 目で両肘を曲げる。スイングなので重力に任せて自然に両手を下に落とすイメージである。よって，1c 目と 3c 目で動きを止めてはいけない。前頭面にこぶしでUの字を描くように動かすのがコツである。左リードでは左右を逆に行う。

78　Ⅱ章　手本となる動きを見せる

《8》ヒールタッチに合う上肢の動き ■■■■■■■■■■■■■■■■■■■■■■■

①ヒールタッチにおいて定番の上肢の動き，ショートレバーでのスイングである。両手をグーにして右にスイングし，右踵(かかと)をタッチする1c目で両肘を曲げ，次に左にスイングし，両足をそろえる2c目で両手を下げる。同様に左にスイングし，左踵をタッチする3c目で両肘を曲げ，再び右にスイングし，両脚をそろえる4c目で両手を下げる。スイングなので重力に任せて自然に両手を下に落とすイメージである。よって，2c目と4c目で動きを止めてはいけない。前頭面にこぶしでUの字を描くように動かすのがコツである。左リードでは左右を逆に行う。

 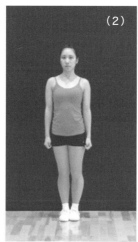  

②右踵をタッチする 1c 目で左手をグーにして前にパンチし，両足をそろえる 2c 目に両手を腰におく。同様に左踵をタッチする 3c 目に右手を前にパンチし，両足をそろえる 4c 目に両手を腰におく。パンチしないほうの手は腰におくようにする。パンチを出すときのみ，こぶしが身体の近くを通過する。パンチから腰に手を戻すときは直線的に戻す。これは右リードである。左リードでは左右を逆に行う。

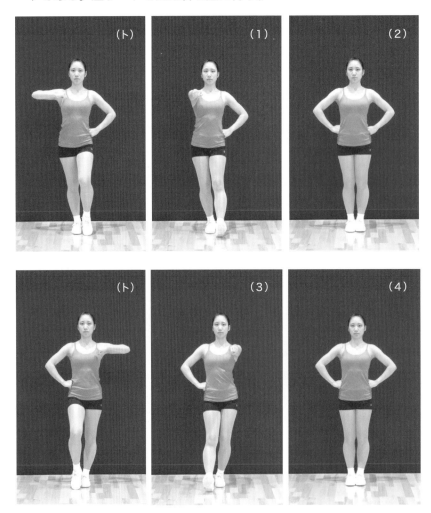

③この動きは，ヒールタッチ・ダブル（8c）に合わせて行う。右手をグーでガッツポーズのようにして，右踵のタッチに合わせて2回持ち上げる。同様に左手をグーでガッツポーズのようにして，左踵のタッチに合わせて2回持ち上げる。これは右リードである。左リードでは左右を逆に行う。

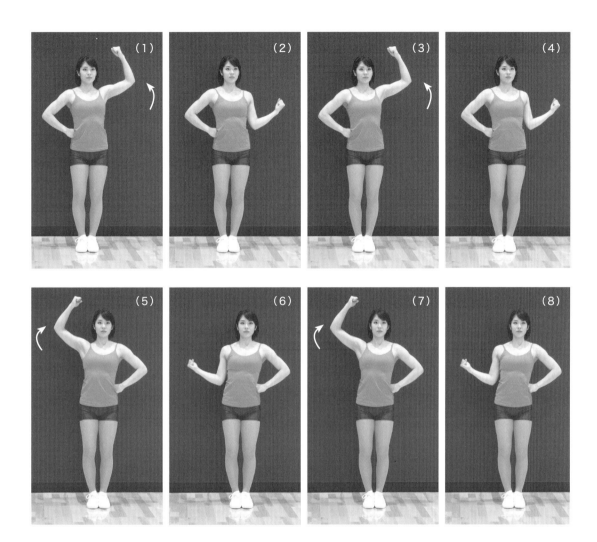

《9》バックランジ(斜め)に合う上肢の動き ■■■■■■■■■■■■■■

①右手をグーにして前にパンチ(1c),両手を腰におく(2c),左手を前にパンチ(3c),両手を腰におく(4c)。前に出していないほうの手は腰におくようにする。これは右リードである。左リードでは左右を逆に行う。

②小指を下にしてパーで右手を前に伸ばし(1c),両手を腰におく(2c),同じく左手を前に伸ばし(3c),両手を腰におく(4c)。前に出していないほうの手は腰におくようにする。これは右リードである。左リードでは左右を逆に行う。

③手をグーにして肘を90°くらいに曲げ，ガッツポーズのような感じで右手を前に出す（1c），両手を腰におく（2c），同じく左手を前に出す（3c），両手を腰におく（4c）。前に出していないほうの手は腰におくようにする。これは右リードである。左リードでは左右を逆に行う。

④手指はそろえて両手を伸ばして1c目と3c目で上に上げる。1cと3cでは身体は斜め前を向き両手を上に伸ばし，2cと4cでは身体は前向きで両手を下に伸ばしている。よって，前から見たとき指先がUの字を描くように見える。両手を上に上げたとき，手のひらを内向きにして，左右の指先間の距離を肩幅よりほんの少し広くとるようにするのがコツである。

《10》"振る"という上肢の動き ■■■■■■■■■■■■■■■■■■■■■■■

　マーチ系のステップにおいて，上肢の動きが特に決められていないときは，原則，左右交互に振るようにする。このとき，肘は90°くらいに曲げたまま，肘が胴体より後ろにいくように，真後ろに引く。腕が後ろにいったとき，肘が伸びてしまったり，肘を横に張って，左右に振ってしまうことのないように注意する。また，マーチで前進するときなど，どちらの手を前に振り出しているか意識したことがあるだろうか。実は，前に踏み出す足と同側の手を前に振り出す。また，マーチで後退するときも，後ろに踏み出す足と同側の手を前に振り出す。インストラクターとしては，このことを認識しておくことが重要である。なぜなら，マーチ系のステップ，すなわちマンボやボックス，ＶステップやＡステップにおいて，手が動かない，またはぎこちない参加者が多いからである。これらのステップでの手の振りも，踏み出す足と同側の手を前に振り出すので覚えておいてもらいたい。ダイナミックに動く場合，上肢の動きは非常に重要である。マーチで前進するときに，大股で歩こうとしてみてほしい。そうすれば特に意識しなくてもそのように動かしているはずである。また，Ｖステップなどで，手を前に振る際，肩も一緒に前に出してしまう人がいる。手を振っても，両肩を結んだ線は動かさないようにすることが重要である。また，手の振りに問題がある場合は，レッスン内で練習することも有効である。足をそろえて，その場ではずみながら，手を左右交互に振る練習をするとよい。その際，重心の上下動と手の振りの上下動が合うよう意識することが重要である。

Ⅲ章
コンビネーションをつくる

　コンビネーション（振付の完成形）は，原則，数種類のステップをつなぐことによりつくることができる。一般的に，コンビネーションは，1ブロック（32カウント）を単位とし，1ブロックを左右対称（シンメトリー）に行う（64カウント）。すなわち，右足開始のコンビネーションを踊り終わると左足開始になるように，左足開始のコンビネーションを踊り終わると右足開始になるようにつくられる。50～60分間のレッスンであれば，2ブロックを左右対称に行うのが一般的だが，中～上級クラスなら3～4ブロック行うこともある。また，高齢者や初心者クラスでは，左右対称に行わないこと（アシンメトリー）もある。すなわち，右足開始のコンビネーションを踊り終わるとまた右足開始となるようなコンビネーションである。このようなコンビネーションを右リードのコンビネーションという。本書でも，まず**1**では，右リードのコンビネーションのつくり方について解説するが，**2**で左右対称のコンビネーションのつくり方についても触れるので，スポーツクラブでの指導を考えているみなさんは，これについても必ず理解してもらいたい。また，コンビネーションをつくる際には，対象者によって，強度や難度を調整しなければならない。よって，**3**では強度調整について，**4**では難度調整について解説する。

1　右リードのコンビネーションをつくる

　87頁の表は，Ⅱ章でも示した代表的なステップをまとめた表である。ここに示されたステップは，すべて右足開始で8c行うとまた右足から開始できるため，この中から4種類のステップを選び，8cずつつなぐと32cの右リードのコンビネーションをつくることができる（以降，カウントはcと表記）。では以下に，ステップをつなぐ際の注意点をいくつか述べる。

《1》 ステップの最後が踏むのかタッチなのか ■■■■■■■■■■■■■■■

　ステップをつなぐ際，ステップの最後が**踏む**のか**タッチ**なのかによって，次のステップが右足開始（右リード）なのか左足開始（左リード）なのかが決まる。

　①ステップの最後で踏んでいる場合，次の足は逆足（踏んでないほうの足）から始まる。

　②ステップの最後がタッチの場合，次の足は同じ足（タッチした足）から始まる。

　③両足で同時に踏んでいる場合は，原則どちらの足から始めてもよい。

ただし，ヒールタッチやバックランジ，特にハイインパクトのニーアップなどでは，ステップの終わりで両足がそろっているように見えるかもしれないが，両足をそろえながら左右の足を入れ替えているので，次のステップは，原則，最後に動かした足と逆の足から始める。ヒールジャックなども同様である。ステップをつなぐ際，次にどちらの足から始めればよいのか迷ったら，そのステップを連続してやってみて，次に動かす足から始めればよい。ちなみに，シザージャックは前の足がリード足である。リード足とは，すなわち1c目で動かすほうの足である。よって左足前のポジションから閉じた場合，次は右足から動かす。また，ジャンピングジャックはステップ自体が左右対称のため，次の足はどちらからでもよい。表に示したステップについては，8cずつつなぐのであれば，すべて1c目が右足となる（右リード）となるので問題ないが，たとえば，8cで2種類のステップを行う場合には注意が必要である。ステップタッチ系やヒールタッチ系のステップを奇数回行うと左足開始になってしまうからである。右リードのコンビネーションをつくる際は，これらのステップは，まずは原則，偶数回行うようにしたほうがよい。これらのステップを奇数回行ってもよい例については，後で述べることとする。

> **ドリル**　このステップの次に動かす足は右足か？　左足か？

　以下のステップの次にくるステップは右足開始か左足開始か考えてみよう。ステップの頭の（右）は右足開始を意味する。ステップ名の前の数字は，そのステップを繰り返す回数。サイドタッチSは，サイドタッチ・シングルのこと。レッグカールSはレッグカール・シングル，レッグカールDはレッグカール・ダブルのこと。ステップ名の後ろの [4c] などは，このステップを行うのに要するカウント数。

　①（右）2ステップタッチ [4c]
　②（右）3マーチ＆タッチで前進 [4c]
　③（右）Vステップ＆2ジャンピングジャック [8c]
　④（右）4Vステップ（Vステップは，すべて4c目タッチ） [16c]
　⑤（右）3サイドタッチS [6c]
　⑥（右）2レッグカールS＆レッグカールD [8c]
　（答え：①右，②左，③どちらでもよい，④右，⑤左，⑥左）

ローインパクト	ハイインパクト
■マーチを原型とするステップ ①マーチ，３マーチ＆タッチ，クロスマーチ ②ボックス ③Ｖステップ ④Ａステップ ⑤マンボ ⑥３拍子マンボ（1c目斜め前に踏む）＆２マーチ ⑦３拍子マンボ（1c目横に踏む）＆２マーチ ⑧３拍子マンボ（2c目斜め前に踏む）＆２マーチ ⑨３拍子バッククロス（2c目斜め後ろに踏む） 　　＆２マーチ	■マーチを原型とするステップ ①ジョグ
■ステップタッチを原型とするステップ ①ステップタッチ 　　アップダウン，ダウンアップ，ツーサイド ②ランジアップ ③グレープバイン ④ギャロップ ⑤レッグカール ⑥ツーリピーター ⑦ツイスト・シングル，ツイスト・ダブル ⑧シャッセ ⑨シャッセ＆２マーチ，シャッセ・バッククロス	■ステップタッチを原型とするステップ ①ステップホップ ②ケンケン ③ポニー ④ツイスト・シングル，ツイスト・ダブル ⑤ヒールジャック ⑥ピエロジャック
■ヒールタッチを原型とするステップ ①ヒールタッチ（フロント） ②ヒールタッチ（サイド），サイドタッチ ③サイドランジ ④バックランジ，バックランジ（斜め） ⑤ステップニー＆２マーチ ⑥ステップツイスト ⑦マンボシャッセ	■ヒールタッチを原型とするステップ ①ヒールタッチ（フロント） ②フロントキック ③サイドキック ④バックキック ⑤ニーアップ
	■ジャンピングジャックを原型とするステップ ①ジャンピングジャック ②シザージャック

《2》同じ種類の動きが連続しない ■■■■■■■■■■■■■■■■■■■■

　たとえば，ステップタッチ ⇨ グレープバイン ⇨ レッグカール ⇨ シャッセ＆２マーチ，のように横移動する動きが連続しないほうがよい。これらのステップの多くは，**ステップタッチを原型とするステップ**である。この場合は，３マーチ＆タッチやＶステップ，ボックスなど前後に移動する**マーチを原型とするステップ**や前や後ろに足を出して戻す**ヒールタッチを原型とするステップ**などと組み合わせたほうが，脚の側面だけでなく前面や後面の筋肉も使うことができる。

《3》サイドタッチとステップタッチをつなげない ■■■■■■■■■■■■■

サイドタッチは足を横に出して戻すステップなので出す足に体重をかけないが，ステップタッチは出した足に体重を乗せるステップである。この二つのステップは一見似ているため混乱しやすいので，特に高齢者や初心者のレッスンでは，サイドタッチとステップタッチをつなげないように気をつけたい。また，コンビネーションの最初がステップタッチで最後がサイドタッチの場合も連続して行うとサイドタッチとステップタッチがつながってしまうので，あまり好ましくない。

《4》4種類のステップをつなげて右リードのコンビネーションをつくる ■■■■

これまでの注意点を踏まえ，右リードのコンビネーションをつくってみよう！

- -

[ドリル] 4種類のステップを選び，8c ずつつないで，32c の右リードのコンビネーションを考えてみよう！

- -

【例】ステップの頭の（右）は右足から始めることを意味する。また，ステップ名の前の数字は，そのステップを繰り返す回数。

8カウント	8カウント	8カウント	8カウント
（右）2 Vステップ	（右）4 レッグカール	（右）2 グレープバイン	（右）4 ステップタッチ

- -

《5》5種類以上のステップをつなげて右リードのコンビネーションをつくる ■■■

次に，1小節に2種類のステップが入るコンビネーションを考えてみよう。前述したように，ステップタッチ系やヒールタッチ系のステップを奇数回行うと左足開始（左リード）になってしまうので，1小節に2種類のステップを入れる場合，これらのステップは偶数回すなわち2回行う必要がある。よって，グレープバインやシャッセ＆2マーチのように1小節（8c）で2回しか行えないステップは使えないことになる。また，マーチ系のステップの多くは，1小節（8c）で2回しか行うことができないので，1小節（8c）に2種類のステップを入れる場合は，1回行うことになる。マーチ系のステップはリード足が替わらないので使うことができる。以上のことを踏まえ，5種類のステップからなる右リードのコンビネーションを考えてみよう！

ドリル 《4》で考えた右リードのコンビネーション（p.88）のうち，どこか1小節を2種類のステップにして5種類のステップからなる右リードのコンビネーションを考えてみよう！

【例】 下線部が，ステップを2種類にした箇所である。ステップの頭の（右）は右足から始めることを意味する。また，ステップ名の前の数字は，そのステップを繰り返す回数。

8カウント	8カウント	8カウント	8カウント
<u>（右）VＡステップ</u>	（右）4レッグカール	（右）2グレープバイン	（右）4ステップタッチ

8カウント	8カウント	8カウント	8カウント
（右）2Vステップ	<u>（右）2レッグカール</u> <u>（右）ボックス</u>	（右）2グレープバイン	（右）4ステップタッチ

8カウント	8カウント	8カウント	8カウント
（右）2Vステップ	（右）4レッグカール	（右）2グレープバイン	<u>（右）2ステップホップ</u> <u>（右）2ステップタッチ</u>

　同様の方法で，6種類，7種類とステップ数を増やすことが可能であるが，ステップ数が増えれば難度も上がるので，参加者のレベルを考慮した選択が必要となる。また，コンビネーションの緩急や動きの流れも考慮してほしい。難度の高い参加者だからと，やみくもにステップ数を増やすことがないようにしたい。

《6》左右対称のシークエンスが入った右リードのコンビネーションをつくる ■■■

　次に，コンビネーション（32c）の中に，左右対称のシークエンス（16c）を入れる方法について解説する。グレープバインやシャッセ＆2マーチのように4cでリード足が替わるステップを使って，16cで左右対称となるようなシークエンスをつくる。たとえば，グレープバインは，右に1回（4c）行うと左足開始となるので，左足開始でステップタッチを2回（4c）行う。同様に左足開始でグレープバンを1回行い，右足開始でステップタッチを2回（4c）行う。これで，左右対称のシークエンス（16c）となる。

89

8カウント	8カウント	8カウント	8カウント
		(右) グレープバイン (左) 2ステップタッチ	(左) グレープバイン (右) 2ステップタッチ

　16c で左右対称とするためには，4c でリード足が替わるステップの後には，4c でリード足が替わらないステップを持ってこなければならない。よって，2ステップタッチのように左右対称のステップを偶数回行うか，またはマーチ系のステップなら問題はない。

8カウント	8カウント	8カウント	8カウント
		(右) グレープバイン (左) 4マーチ	(左) グレープバイン (右) 4マーチ

8カウント	8カウント	8カウント	8カウント
		(右) グレープバイン (左) マンボ	(左) グレープバイン (右) マンボ

8カウント	8カウント	8カウント	8カウント
		(右) グレープバイン (左) Vステップ	(左) グレープバイン (右) Vステップ

　ただし，マーチ系のステップは左右対称でないため，エアロビクスに不慣れな参加者にとっては，右リードのコンビネーションの中に急に左リードのステップが入ることにとまどうかもしれない。よって，参加者のレベルを考慮した選択が必要となる。

2 左右対称のコンビネーションをつくる

　前述したように，ステップが右足から開始することを右リード，ステップが左足から開始することを左リードという。一般的に，コンビネーションは，1ブロック（32c）を単位とし，右リードのコンビネーションを踊り終わると左リードになるように，左リードのコンビネーションを踊り終わると右リードになるようにつくられる。これが左右対称のコンビネーションである。左右対称のコンビネーションでは，32c 中にリード足を切り替えるためのリードチェンジムーブ（LCM）を入れる必要がある。本書では，右リードのコンビネーションに重きをおいたが，スポーツクラブなどでは，ほとんど左右対称に行うと考えたほうがよい。このように一般的に振付が左右対称につくられるのは，左右の筋を均等に使うという意図がある。自身が

90　Ⅲ章　コンビネーションをつくる

参加者としてレッスンを受ける際は，コンビネーションのうち，どのステップがリードチェンジムーブ（LCM）なのか考えながら受けると勉強になる。最近のレッスンでは，リードチェンジムーブを最初に行い，その前後にステップを足しながらコンビネーションを完成させていくインサートという手法がよく使われているので，リードチェンジムーブ（LCM）をみつけるヒントにしてもらえればと思う。以下はリードチェンジムーブ（LCM）の例である。

【リードチェンジムーブ（LCM）の例】

① ３マーチ＆タッチ，ステップタッチ，グレープバイン，レッグカール，ツーリピーター，フォーリピーター，シャッセ＆２マーチ，マンボシャッセ，ステップニー，ステップツイスト，などを奇数回行う。

（例）３ステップタッチ＆２マーチ 8c

グレープバイン＆４マーチ 8c

ステップニー＆２サイドタッチS 8c

② マンボ，ボックス，Ｖステップなどマーチ系のステップの３c目でジャンプして両足で着地する。

③ マンボ，ボックス，Ｖステップなどマーチ系のステップの４c目をタッチにする。

④ マーチ，マンボ，ボックス，Ｖステップなどマーチ系のステップにチャチャチャを入れる。

（例）２マーチ＆チャチャチャ＆４マーチ 8c

ＶＡステップの７～8c でチャチャチャ 8c

⑤ マーチ系のステップに１スローマーチを入れる。

（例）２マーチ＆１スロー＆４マーチ（３c目をスローマーチにする） 8c

１スローマーチ＆マンボ＆２マーチ 8c

⑥ マーチ系，ヒールタッチ系のステップにニーアップを入れる。

（例）３マーチ＆ニー＆４マーチ（４c目をニーアップにする） 8c

２サイドタッチ＆ニー＆４マーチ（４c目をニーアップにする） 8c

⑦ サイドタッチ，バックランジなどヒールタッチ系のステップやレッグカールにおいて，S（シングル）・S（シングル）・D（ダブル）と行う。

ドリル ❶-《4》でつくった右リードのコンビネーション（p. 88）の中の一つのステップをLCM に変え，左右対称のコンビネーションにしてみよう！

【例】下線部はLCM である。ステップの頭の（右）は右足から始めること，（左）は左足から始めることを意味する。また，ステップ名の前の数字は，そのステップを繰り返す回数。

91

＜右リードのコンビネーション＞

8カウント	8カウント	8カウント	8カウント
（右）2 Vステップ	（右）4 レッグカール	（右）2 グレープバイン	（右）4 ステップタッチ

＜左右対称のコンビネーション＞

8カウント	8カウント	8カウント	8カウント
（右）2 Vステップ	（右）レッグカール SSD	（左）2 グレープバイン	（左）4 ステップタッチ

8カウント	8カウント	8カウント	8カウント
（右）Vステップ （右）ステップニー	（左）4 レッグカール	（左）2 グレープバイン	（左）4 ステップタッチ

8カウント	8カウント	8カウント	8カウント
（右）2 Vステップ	（右）4 レッグカール	（右）2 グレープバイン	（右）3 ステップタッチ （左）2 マーチ

---

3 コンビネーションの強度調整について

《1》ステップの強度による調整 ■■■■■■■■■■■■■■■■■■■■■■■

　高強度のステップを使ったり，ローインパクトのステップでも跳び上がるようにハイインパクト的に行うことにより強度を上げることができる。以下に，高強度のローインパクトのステップ例を示す。

【高強度のローインパクトのステップ例】
- グレープバイン
- レッグカール
- ツーリピーター
- シャッセ
- シャッセ＆2マーチ
- サイドランジ
- バックランジ

92　Ⅲ章　コンビネーションをつくる

- ステップニー＆２マーチ
- マンボシャッセ

《2》上肢の動きによる強度調整 ■■■■■■■■■■■■■■■■■■■■■■■

　一般的には，上肢の動きを伴うだけで強度が上がると考えてよい。また，片手より両手を動かすほうが，ショートレバーよりロングレバーのほうが強度は高い。ショートレバーとは，支点となる関節に対して動かす部分が短いことである。たとえば，肘を曲げて肩を回すのがショートレバー，肘を伸ばして肩を回すのがロングレバーである。また，肩の高さより上に手を上げると強度が上がり，それだけでなく心拍数も上がってしまうので，上肢の動きによって心拍数を上げたくない場合にはやらないほうがよい。以下に，低強度と高強度の上肢の動き例を示す。

【低強度の上肢の動き例】
- マーチで，アームカール（Ⅱ-**3**-《1》②，p.54）
- マーチ，ステップタッチ，レッグカールで，「わくわく」（Ⅱ-**3**-《1》④，p.55）
- ステップタッチで，拍手（Ⅱ-**3**-《5》①，p.64）
- ヒールタッチで，肘を曲げＵの字を描くように動かす（Ⅱ-**3**-《8》①，p.79）
- バックランジで，ガッツポーズのようにして前に出す（Ⅱ-**3**-《9》③，p.83）

【高強度の上肢の動き例】
- ボックスで，両手を回す（Ⅱ-**3**-《2》③，p.59）
- Ａステップで，両手を回す（Ⅱ-**3**-《4》②，p.63）
- ステップタッチで，片手ずつ上に上げる（Ⅱ-**3**-《5》⑤，p.65）
- ステップタッチ，グレープバインで，「深呼吸の手」（Ⅱ-**3**-《5》⑧，p.67）
- ステップタッチで，肘を伸ばして肩を回す（Ⅱ-**3**-《5》⑨，p.69，⑩，p.71）
- グレープバインで，両手をまわす（Ⅱ-**3**-《6》③，p.72）
- レッグカールで，ラットプルダウン（Ⅱ-**3**-《7》③，p.78）
- バックランジで，両手を大きく振る（Ⅱ-**3**-《9》④，p.83）

《3》重心の水平移動による強度調整 ■■■■■■■■■■■■■■■■■■■■

　原則，ステップをその場で行うよりも，水平移動しながら行うほうが強度は高い。すなわち，マーチをその場で行うよりも，前進または後退しながら行うほうが強度は高いということである。ステップタッチのようにもともと小さく横移動するステップにおいても，1歩目を少し斜め前または斜め後ろに踏み出すことにより，ジグザグと前進または後退することができる。ま

た，グレープバインのようにもともと横に大きく移動するステップにおいても，正面に対して
ほんの少し体を斜めに向けることにより，前後移動を加えることができる。この場合は，前後
移動を加えてもさほど大きな強度変化はないかもしれない。以下に，水平移動を付加できるス
テップ例を示す。

【水平移動を付加できるステップ例】
まっすぐ前進，後退できるステップ
- 3マーチ＆タッチ
- ジョグ
- フロントキック
- バックキック（後退のみ）
- ジャンピングジャック

ジグザグと前進，後退できるステップ（小さく横移動するステップ）
- ステップタッチ
- ランジアップ
- レッグカール
- ツイスト・シングル，ツイスト・ダブル（後退のみ）
- ステップホップ
- ケンケン，ポニー
- ヒールジャック，ピエロジャック

ジグザグと前進，後退できるステップ（大きく横移動するステップ）
- グレープバイン
- ギャロップ
- シャッセ，シャッセ＆2マーチ
- マンボシャッセ

《4》重心の垂直移動による強度調整 ■■■■■■■■■■■■■■■■■■■■■■■■

　ステップに垂直移動を加える，すなわち跳び上がるように行うほうが強度は高い。以下に，
垂直移動を付加できるステップ例を示す。言い方を換えれば，ハイインパクトにできるステッ
プともいえる。矢印の左が低強度のステップ，右が高強度のステップである。

【垂直移動を付加できる（ハイインパクトにできる）ステップ例】
- 3マーチ＆タッチの4c目をタッチ ⇨ 4c目をホップ
- ステップタッチ ⇨ ステップホップ

94　Ⅲ章　コンビネーションをつくる

- ステップタッチ ⇨ ケンケン
- ステップタッチ ⇨ ポニー
- ステップタッチ ⇨ ヒールジャック
- ツーサイド ⇨ 2c 目に空中で足を閉じる
- グレープバイン ⇨ ギャロップ
- レッグカール・シングル ⇨ ピエロジャック
- レッグカール・ダブル ⇨ ニーアップバッククロス（**6** - コンビネーション⑤，p.108）
- ヒールタッチ（フロント）⇨ フロントキック
- ヒールタッチ（フロント）⇨ ニーアップ
- サイドタッチ ⇨ サイドランジ
- ステップニー ⇨ ステップニーのニーでホップ

4 コンビネーションの難度調整について

できれば初級のクラスにおいても，少しずつ高難度の要素を取り入れたい。これらは振付のエッセンスとなり，参加者の楽しさややりがいにもつながるからだ。

《1》ステップの難度による調整 ■■■■■■■■■■■■■■■■■■■■■■■■■

高難度のステップを使うことにより難度を上げることができる。高齢者や低体力者においては，足を交差するステップ—たとえば，グレープバインやボックスなども，難度が高いと感じられる場合もある。一般的には，以下のステップが難度の高いステップ例である。

【高難度のステップ例】
①タッチのあるステップ

スポーツクラブでおしえるインストラクターは意外に思うかもしれないが，高齢者の特に男性はタッチが苦手である。タッチの足には体重をかけないことをきちんと伝えることが大切である。見せる際も，体重がかかっているように見えるような中途半端なタッチではなく，足の爪だけでタッチするような気もちで見せるとよい。
- ３マーチ＆タッチ
- チャールストン…ステップタッチから展開すれば案外難しくないが，4c 目がタッチであることが難しい（**6** - コンビネーション⑥，p.110）。
- トウタッチ＆ステップタッチ（**6** - コンビネーション⑦，p.112）

②３拍子系のステップ
- ３拍子マンボ（1c 目斜め前に踏む）＆２マーチ

- 3拍子マンボ（1c目横に踏む）＆2マーチ
- 3拍子マンボ（2c目前に踏む）＆2マーチ
- 3拍子バッククロス（2c目斜め後ろに踏む）＆2マーチ

③リズムが均一（タン，タン，タン，タン）ではないステップ
- ステップニー
- シャッセ，シャッセ＆2マーチ
- ポニー
- 3拍子バッククロス（5〜6cでチャチャチャ）（**6**-コンビネーション⑤，p.109）
- 2クイックヒール＆2マーチ（**6**-コンビネーション⑧，p.113）
- リズムチェンジのあるクロスマーチ（**6**-コンビネーション⑧，p.113）

④左右どちらの足に体重がかかっているのかわかりにくいステップ
- ステップツイスト
- ピエロジャック
- ニーアップバッククロス（**6**-コンビネーション⑤，p.108）

《2》上肢の動きによる難度調整 ■■■■■■■■■■■■■■■■■■■■■■■■■■

　一般的には，上肢の動きを伴うだけで難度が上がると考えてよいが，より高難度の上肢の動きを使えば，さらに難度を上げることができる。以下に，その例を示す。

【高難度の上肢の動き例】
- 3マーチ＆タッチで拍手を後ろ，前，後ろ，前と行う（Ⅱ-**3**-《1》⑦，p.57）。
- （右）ボックスステップで，両手を左に2回回す（Ⅱ-**3**-《2》③，p.59）。
- （右）Ｖステップで，左手を右斜め前にパンチ（1c），右手を左斜め前にパンチ（2c），その後拍手を2回行う（3〜4c）（Ⅱ-**3**-《3》②，p.61）
- （右）グレープバインで深呼吸の手，（左）グレープバインで両手を外まわしで回す（Ⅱ-**3**-《5》⑧，p.67）（Ⅱ-**3**-《6》③，p.72）。
- （右）グレープバインで，右手上，左手上，右手右，左手左と伸ばす（Ⅱ-**3**-《6》⑥，p.74）。
- （右）グレープバインで，両手を胸の前から横に開き（1〜4c），（左）グレープバインで，両手を頭上で合わせて（5c）胸の前に下ろし（6c），キープする（7〜8c）（Ⅱ-**3**-《6》⑦，p.75）。

《3》方向転換による難度調整 　■■■■■■■■■■■■■■■■■■■■■■■■■

　特に1回転のターンは体幹をまっすぐ保持できないと難しい。高齢者には危険な場合があるので注意が必要である。まずは，90°向きを換えることから始め，180°，360°と難度を高

めるのがよい。回る瞬間に，お腹を引き締めることや，つま先立ちになり接地面を小さくすることや，"首をつける"などと表現することもあるが，顔を向きたい方向に先に向けることなどをおしえる必要もある。

① 90°向きを換えるステップ
- （右）4ステップタッチや（右）4レッグカールにおいて，2c目と6c目で90°向きを換える。前向きから，2c目で右に90°，6c目で左に90°向きを換え前向きに戻る。ステップの1回目と4回目は前向きで，2回目と3回目は右向きで行うことになる。左リードは左右を逆に行う。
- 4ジャンピングジャックにおいて，右，後ろ，左，前と90°ずつ向きを換える。足を開くときに90°方向を換える。

② 180°向きを変えるステップ
- （右）4ステップタッチや（右）4レッグカールにおいて，2c目と6c目で180°向きを換える。前向きから，2c目で右に180°，6c目でまた右に180°向きを換え前向きに戻る。1回目と4回目は前向きで，2回目と3回目は後ろ向きで行うことになる。左リードは左右を逆に行う。
- （右）2Vステップにおいて，1回目のVステップの3〜4cで右肩を引くようにして180°向きを換え，2回目のVステップは後ろ向きで行い，7〜8cでまた右肩を引くようにして前向きに戻る。左リードは左右を逆に行う。

③ ターン（360°）を伴うステップ
中上級者であれば，2マーチで1回転できると考えてよい。
- 3拍子マンボの後の2マーチで1回転できる。
- VAステップにおいて，前向きのVステップの3〜4cで1回転し，前向きでAステップを行うことができる。

《4》ステップ数による難度調整 ■■■■■■■■■■■■■■■■■■■■■■■■

前述したように，1小節（8c）につき1種類のステップ，すなわち4種類のステップからなるコンビネーション（32c）は比較的やさしいが，1小節に2種類以上のステップを入れることによりステップ数を増やし，難度を上げることができる。この後の **6** においてコンビネーション例をいくつか示すが，ステップ数も合わせて示すこととする。左右対称のシークエンス（16c）が入るもの，たとえば，（右）クロスマーチ，（右）ツーリピーター，（左）クロスマーチ，（左）ツーリピーターの場合は，ステップの種類は2種類だが，1小節につき2種類のステップが入ることからステップ数は4とカウントすることとした。

97

5 上肢の動きのつながりについて

　コンビネーションをつくる際，最後に上肢の動きを考えることが多いと思うが，その際，上肢の動きがスムーズにつながっているかどうかにも配慮する。このとき，机上で考えるのではなく，必ず体を動かして確認することが大切である。たとえば，両手を右，左，右，左と動かした後に，Vステップで右手を斜め上に上げるなどは，あまり美しいとはいえない【悪い例①】。似たような振付でも，両手を右，上，左，下と動かした後や，深呼吸の手のように動かした後に，Vステップで右手を斜め上に上げるのであればスムーズである【よい例①】。Vステップで定番の手の動きに入る際は，いつも両手を胸の前でクロスさせるのではなく，このように両手を下ろしたポジションから直接斜め上に手を伸ばしても，すっきりしていて美しい。

上肢の動きのつながり【悪い例①】

または

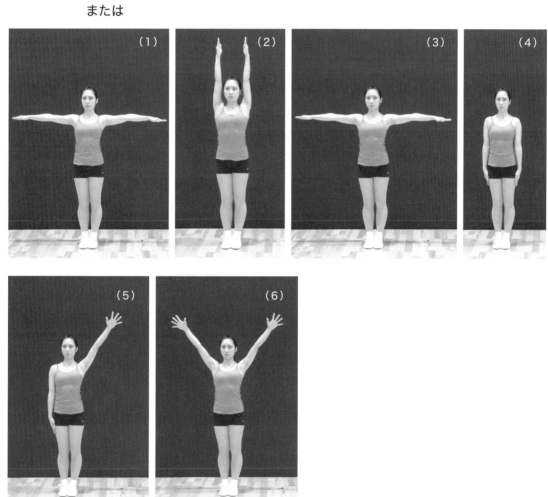

上肢の動きのつながり【よい例①】

しかし，どうしても両手を右，左，右，左と動かした後に，Vステップで定番の手をつなげたいのであれば，4c目を胸の前でクロスにすればスムーズである【よい例②】。また，少々難しいが，5c目で左手を腰におくか，または下に下ろせばすっきりする【よい例③】。

また，両手を右，左，右，左と動かした後に，左右対称の動き，たとえば両手を斜め上と斜め下に伸ばす場合などは，4c目の両手左から直接，両手を斜め上に持っていってもすっきりしていてよいのではないだろうか【よい例④】

上肢の動きのつながり【よい例②】

上肢の動きのつながり【よい例③】

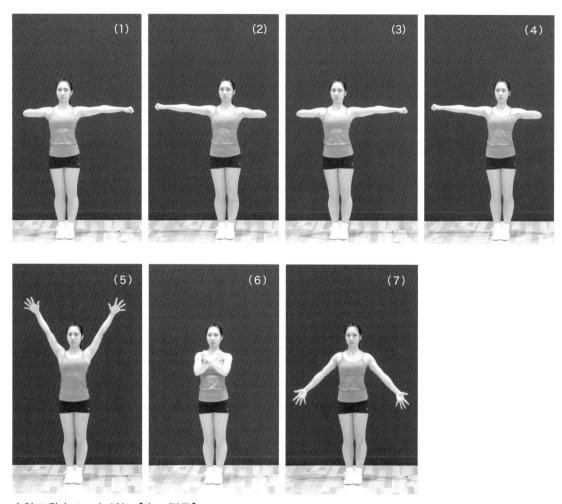

上肢の動きのつながり【よい例④】

上肢の動きのつながり【悪い例②】

上肢の動きのつながり【よい例⑤】

上肢の動きのつながり【よい例⑥】

　他にも，ランジアップの後にレッグカールを行う場合，ランジアップで両手を左右にスイングした後に，レッグカールで両手を前から引く【悪い例②】よりも，スイングした勢いを利用して，レッグカールでも同じくスイングするほうが自然である【よい例⑤】。もし，ランジアップの後のレッグカールで両手を前から引きたいのであれば，ランジアップの手を2c目と4c目で拍手にすれば，より自然である【よい例⑥】。

　以上のように，実際に体を動かして，上肢の動きのつながりについて吟味してもらいたい。また，ステップの変化に伴って手の動きも変わる4〜5c目や8〜1c目の動きが曖昧になりがちなので，自分が見せるフォームも理解もあいまいにならないように心がけることが大切である。

6 コンビネーションの例

　以下に，右リード1ブロックのコンビネーション例①〜⑧と，それぞれのコンビネーションを左右対称とする例を示す（下線部はリードチェンジムーブ）。合わせて，強度と関係する水平移動および垂直移動の有無，難度と関係するステップ数と方向転換の有無も示す。

コンビネーション例①

水平移動あり　　垂直移動（ハイインパクト）あり　　ステップ数：4

8カウント	8カウント	8カウント	8カウント	
3マーチ＆タッチ×2	4ステップホップ	2グレープバイン	4レッグカール	ステップ
4cと8c目に拍手	拍手	深呼吸の手＋ 両手外回し	両手を前から引く	上肢
前後移動	前進　ホップ	後退		移動

①の左右対称例1

水平移動あり　　垂直移動（ハイインパクト）あり　　ステップ数：5

8カウント	8カウント	8カウント	8カウント	
3マーチ＆タッチ×2	4ステップホップ	2グレープバイン	<u>レッグカールSSD</u>	ステップ
4cと8c目に拍手	拍手	深呼吸の手＋ 両手外回し	両手を前から引く	上肢
前後移動	前進　ホップ	後退		移動

①の左右対称例2

水平移動あり　　垂直移動（ハイインパクト）あり　　ステップ数：5　　方向転換あり（90°）

8カウント	8カウント	8カウント	8カウント	
<u>3マーチ＆ホップ</u> 2ステップホップ※	4ステップタッチ	2グレープバイン	4レッグカール	ステップ
4c目に拍手 6cと8c目に拍手	両手を横に開く	深呼吸の手＋ 両手外回し	両手を前から引く	上肢
前進　ホップ その場　ホップ	後退		90°ターン※	移動

※ステップホップ：その場で行うステップホップ。左足を踏み（5c），左足で真上に踏み切ってジャンプして左足で着地（6c）。右も同様に行う（写真参照）。

※90°ターン：2c目で90°向きを換えて横を向き，6c目で90°向きを換えて前を向く。

104　Ⅲ章　コンビネーションをつくる

ステップホップ

(5)

(6)

(7)

(8)

コンビネーション例②

| 水平移動あり | ステップ数：4 | | | |

8カウント	8カウント	8カウント	8カウント	
2ステップツイスト	2Vステップ	2グレープバイン	4レッグカール	ステップ
	定番	深呼吸の手＋両手外回し	両手を前にプッシュ	上肢
		前進	後退	移動

②の左右対称例

| 水平移動あり | ステップ数：5 | 方向転換あり（180°） | | |

8カウント	8カウント	8カウント	8カウント	
ステップツイスト※（4cと6cでニーアップ）	2Vステップ	2グレープバイン	4レッグカール	ステップ
	定番	深呼吸の手＋両手外回し	両手を前にプッシュ	上肢
	180°ターン※	前進	後退	移動

※ステップツイスト（4cと6cでニーアップ）：ステップツイストの4c目で右足をニーアップし，その足を下ろしたら左足をニーアップして2マーチ。そのとき左足を後ろに引くようにする（写真参照）。

※180°ターン：1回目のVステップは前向き，2回目のVステップは後ろ向きで行う。後ろを向く際は，リード足側の肩を引くようにする。

ステップツイスト（4cと6cでニーアップ）

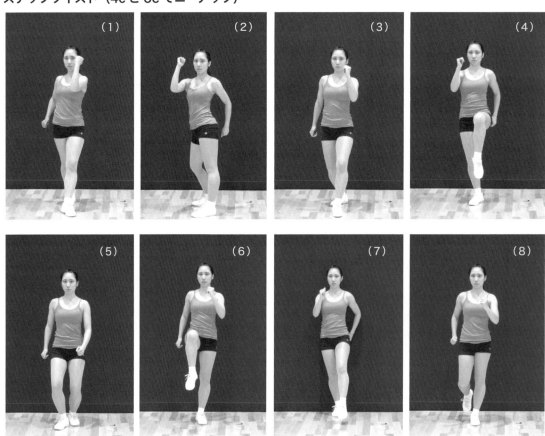

コンビネーション③

| 水平移動あり | 垂直移動（ハイインパクト）あり | ステップ数：5 |

8カウント	8カウント	8カウント	8カウント	
4ステップタッチ	3拍子マンボ（2c目斜め前に踏む）&2マーチ	VAステップ	2ステップニー（ホップ）&2マーチ	ステップ
拍手		定番	軸足側の手を上に	上肢
後退			前進　ホップ	移動

③の左右対称例

| 水平移動あり | 垂直移動（ハイインパクト）あり | ステップ数：6 |

8カウント	8カウント	8カウント	8カウント	
4ステップタッチ	3拍子マンボ（2c目斜め前に踏む）&2マーチ	VAステップ	ステップニー（ホップ）&右回りの6マーチで戻る※	ステップ
拍手		定番	軸足側の手を上に	上肢
前進			ホップ，後退	移動

※ステップニー（ホップ）＆右回りのマーチで戻る：ステップニーのニーでホップしながら（1〜2c），少し右に向きを変え半円を描くように6マーチ（3〜8c）で最初の位置に戻る（写真参照）。

ステップニー（ホップ）＆右回りのマーチで戻る

コンビネーション④

| 水平移動あり | ステップ数：8 |

8カウント	8カウント	8カウント	8カウント	
4マーチ 2サイドタッチ	マンボ ボックス	シャッセ＆2マーチ 2レッグカール	シャッセ＆2マーチ 2レッグカール	ステップ
4cと5c目に拍手 両手を横に伸ばす	手を振る 手を振る	定番 両手プッシュ	定番 両手プッシュ	上肢
前進 その場		後退 その場	後退 その場	移動

④の左右対称例

| 水平移動あり | ステップ数：8 |

8カウント	8カウント	8カウント	8カウント	
4マーチ 2サイドタッチ （8c目で<u>ニーアップ</u>）	マンボ ボックス	シャッセ＆2マーチ 2レッグカール	シャッセ＆2マーチ 2レッグカール	ステップ
4cと5c目に拍手 両手を横に伸ばす	手を振る 両手を左に回す	定番 両手プッシュ	定番 両手プッシュ	上肢
前進 その場		後退 その場	後退 その場	移動

コンビネーション⑤

垂直移動（ハイインパクト）あり		ステップ数：5		
8カウント	8カウント	8カウント	8カウント	
VAステップ	4サイドランジ	3拍子バッククロス（2c目後ろに踏む）＆2マーチ	2ニーアップバッククロス※	ステップ
定番	両手腰		両手を横と下に伸ばす	上肢
			ホップ	移動

※ニーアップバッククロス：レッグカールDを原型とするハイインパクトのステップ。1cで右足を踏み，2cで左膝を前に持ち上げ，3cで左足を右足の後ろにつき，4cで左膝を前に持ち上げる。左も同様に行う。このとき，2c目で左を向き4c目で正面に戻り，6c目で右を向き8c目で正面に戻るというように方向転換するのもよい（写真参照）。

ニーアップバッククロス

(1)

(2)

(3)

(4)

⑤の左右対称例

垂直移動（ハイインパクト）あり		ステップ数：6	方向転換あり（360°）	
8カウント	8カウント	8カウント	8カウント	
VAステップ	4サイドランジ	3拍子バッククロス（5〜6cでチャチャチャ）＆2マーチ（左ターン）※	2ニーアップバッククロス	ステップ
定番	深呼吸の手		両手を横と下に伸ばす	上肢
		360°ターン	ホップ	移動

※3拍子バッククロス（5～6cでチャチャチャ）&2マーチ（または左ターン）：5～6cのチャチャチャは，バレエ用語でパドブレともいう。7～8cでターンする場合は，6c目で左肩を前にもってきて，ターンの準備をする。この左肩を後ろに引くようにしてターンすると回りやすい（写真参照）。

3拍子バッククロス（5～6cでチャチャチャ）&2マーチ（または左ターン）

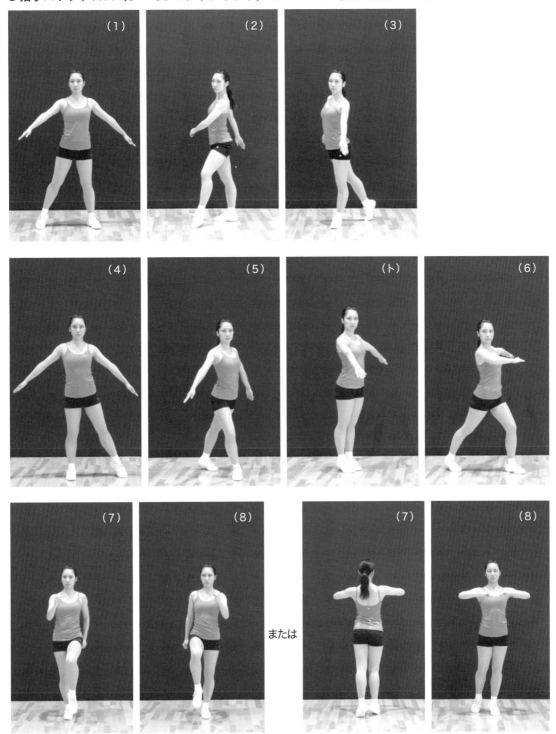

コンビネーション⑥

| 水平移動あり | 垂直移動（ハイインパクト）あり | ステップ数：6 |

8カウント	8カウント	8カウント	8カウント	
3マーチ&タッチ×2	2ステップホップ 2オープンステップニー※	2チャールストン※	VAステップ	ステップ
4cと8c目に拍手	拍手 軸足側の手を上に		定番	上肢
前後移動	ホップ			移動

※オープンステップニー：ステップタッチを原型とするステップ。右足を右に踏み込み左膝を持ち上げ，次に左足を左に踏み込み右膝を持ち上げる（写真参照）。

※チャールストン：ステップタッチを原型とするステップ。右足を右斜め前に踏み込み（1c），左足を右斜め前にキック（2c），次に左足を左斜め後ろに踏み込み（3c），右足を左斜め後ろにトウタッチする（4c）（写真参照）。

オープンステップニー

(5)

(6)

(7)

(8)

チャールストン

(1)

(2)

(3)

(4)

⑥の左右対称例

| 水平移動あり | 垂直移動（ハイインパクト）あり | ステップ数：6 |

8カウント	8カウント	8カウント	8カウント	
3マーチ&タッチ2回	2ステップホップ 2オープンステップニー	2チャールストン※	ＶＡステップ（7～8ｃでツーステップ）※	ステップ
4ｃと8ｃ目に拍手	拍手 軸足側の手を上に		定番 7～8ｃで左手を前に※	上肢
前後移動	ホップ　少し後退 その場		少し前進	移動

※ツーステップ：チャチャチャを少し前に移動しながら行う（写真参照）。
※7～8ｃで左手を前に：ツーステップの定番の手である。ツーステップで出す足と反対側の手を前に振り出す。肘は軽く曲げて。

ツーステップ

コンビネーション⑦

| 垂直移動（ハイインパクト）あり | ステップ数：6 |

8カウント	8カウント	8カウント	8カウント	
トウタッチ&ステップタッチ×2※	2ポニー 4ツイストＳ	マンボ&シャッセ×2	ＶＡステップ	ステップ
行くほうに手を伸ばす&拍手	両手同時に振る ガッツポーズ	定番	定番	上肢
	ホップ	身体は右向きで後方と前方に移動※		移動

※トウタッチ&ステップタッチ：右足をサイドタッチ（1～2ｃ）した後，右にステップタッチ（3～4ｃ）し（写真参照），左足をサイドタッチ（5～6ｃ）した後，左にステップタッチ（7～8ｃ）する。
※マンボシャッセを前後方向に行うのは，次のＶステップに入りやすくするためである。

トウタッチ＆ステップタッチ

(1) (2) (3) (4)

⑦の左右対称例

| 水平移動あり | 垂直移動（ハイインパクト）あり | ステップ数：7 |

8カウント	8カウント	8カウント	8カウント	
トウタッチ＆ステップタッチ×2	2ポニー 4ツイストS	マンボ＆シャッセ 4マーチ	VAステップ	ステップ
行くほうに手を伸ばす ＆拍手	両手同時に振る ガッツポーズ	定番 振る	定番	上肢
	ホップ	身体は正面向きで右へ 右回りのマーチで戻る※		移動

※マンボシャッセを左右方向に行うのは，4マーチで回り込むことにより，Vステップにスムーズに入ることができるためである。

コンビネーション⑧

| 水平移動あり | ステップ数：8 |

8カウント	8カウント	8カウント	8カウント	
ボックス 2ヒールタッチ	2ツーステップ※ Vステップ	クロスマーチ（リズムチェンジ）※ ツーリピーター	クロスマーチ（リズムチェンジ） ツーリピーター	ステップ
手を振る	定番の手※ 定番の手	片手を斜め上に	片手を斜め上に	上肢
	前進	後退	後退	移動

※2ツーステップ：2シャッセを前方に向かって行うイメージ。右足を出すとき右肩を少し前に，左足を出すとき左肩を少し前に出すようにする。

※ツーステップの定番の手：出す足と反対側の手を，前に振り出す。肘は軽く曲げて。

※クロスマーチ（リズムチェンジ）："1ト2"で右足をスクワットのように横に踏み出し，"ト"で左足を右足の後ろにおき，"3"で右足を横に踏み，"4"で左足を右足の前で踏む。ターン・タ・タン・タンとリズムを刻む（写真参照）。

クロスマーチ（リズムチェンジ）

⑧の左右対称例1

水平移動あり	垂直移動（ハイインパクト）あり	ステップ数：8	方向転換あり（180°）

8カウント	8カウント	8カウント	8カウント	
ボックス 2クイックヒール＆2マーチ※	ツーステップ＆2マーチ Aステップ※	クロスマーチ（リズムチェンジ） ツーリピーター	クロスマーチ（リズムチェンジ） ツーリピーター	ステップ
手を振る		片手を斜め上に	片手を斜め上に	上肢
ホップ	後退 180°ターン	前進 その場	前進 その場	移動

※2クイックヒール＆2マーチ：ヒールタッチを1〜2cで右左と行う。このときホップを入れ軽やかに行う。3cで右足を前に踏み込み（写真参照），右肩を引くようにして4cで右横を向く。

※ツーステップ＆2マーチ：右足から後方に向かって1回ツーステップを行い（1〜2c），左足からの2マーチで180°向きを換え正面を向く。

2クイックヒール＆2マーチ

⑧の左右対称例2

| 水平移動あり | 垂直移動（ハイインパクト）あり | ステップ数：8 | 方向転換あり（180°） |

8カウント	8カウント	8カウント	8カウント	
ボックス 2 クイックヒール&<u>ステップニー</u>※	2ツーステップ※ Aステップ	クロスマーチ（リズムチェンジ） ツーリピーター	クロスマーチ（リズムチェンジ） ツーリピーター	ステップ
		片手を斜め上に	片手を斜め上に	上肢
ホップ	後退 180°ターン	前進	前進	移動

※2クイックヒール&ステップニー：ヒールタッチを1～2cで右左と行う。このときホップを入れ軽やかに行う。つづいて3～4cで右足を踏み込んで左足をニーアップし（写真参照），左肩を引くようにして4cで左横を向く。

※2ツーステップ：後方にツーステップを行う。すなわち，左肩を引きつつ左足からツーステップ（1～2c），つづいて右肩を前に出して右足からツーステップする（3～4c）。4c目で180°向きを換え正面を向く。

2 クイックヒール&ステップニー

（1）　（ト）　（2）　（ト）　（3）　（4）

IV章
コンビネーションの展開方法を考える

　エアロビクスのレッスンでは，ジャズダンスやヒップホップをおしえるときのように，音楽をかけずにカウントでゆっくり振付をおしえるということはない。また，最初から完成したコンビネーションを音楽に合わせて行うのでもない。すなわち，音楽を止めずに，また参加者の足も止めさせることなく徐々にコンビネーションを組み立て，完成形へと導いていくのである。よって，レッスンの中でコンビネーションをどう組み立てていくのかをあらかじめ考えておく必要がある。IV章では，コンビネーションを徐々に組み立てていく方法について解説する。コンビネーションを組み立てていく方法のことを，展開方法といったり，分解しておしえるという意味からブレイクダウンといったりする。展開がわかりやすく，かつ展開の過程も楽しいというのがよい展開方法であり，展開方法を考えることこそが，インストラクターとしての腕の見せどころ，すなわち"おしえ方のうまさ"といえるかもしれない。

1　右リードのコンビネーションの展開方法

　まず，右リードのコンビネーションの展開方法について述べる。現在，ほとんどのスポーツクラブのエアロビクスレッスンが左右対称のコンビネーションであるが，すべてはこの右リードのコンビネーションの展開方法が基本となる。左右対称のコンビネーションについては，**2**で述べることとするので，スポーツクラブでの指導を考えているみなさんは，これについても必ず理解してもらいたい。また，通常のレッスンにおいては，コンビネーションを展開するのに 10 分～ 15 分かかる。ここでは，通常のレッスンを想定した展開方法について述べる。た

115

だし，授業や資格試験においては，便宜上2分間でコンビネーションを展開する機会もあるため，巻末に，付録として，2分間の運動プログラムをつくる手順についても述べることとする（p.161）。授業や資格試験対策として行う場合の参考としてもらえればと思う。

《1》アドオンとは ■■■■■■■■■■■■■■■■■■■■■■■■■■■■■■■

　アドオンとは，Aというステップの次にBというステップをつなげてA＋Bにするというように，ステップをつなげてシークエンスをつくることをいう。シークエンスとは，32カウントより短い，ステップの連続のことをいう。たとえば，8カウントずつ4種類のステップをつなげた32cのコンビネーション（A＋B＋C＋D）をつくるとしよう（以降，カウントはcと表記）。まずAというステップを練習し，つづいてBというステップを練習し，AとBを足してA＋Bとする。CとDも同様につなげてC＋Dとし，A＋BとC＋DをつなげてA＋B＋C＋Dとするなどが典型的なアドオンのやり方である。以下に，A＋B＋C＋D（A：マーチ，B：ステップタッチ，C：ツーサイド，D：レッグカール）というコンビネーションを音楽に合わせアドオンで組み立てる例を示す。

【典型的なアドオンの例】

	8カウント	8カウント	8カウント	8カウント
1	A：マーチ	A：マーチ	B：ステップタッチ	B：ステップタッチ
2	A：マーチ	B：ステップタッチ	A：マーチ	B：ステップタッチ
3	C：ツーサイド	C：ツーサイド	D：レッグカール	D：レッグカール
4	C：ツーサイド	D：レッグカール	C：ツーサイド	D：レッグカール
5	A：マーチ	B：ステップタッチ	C：ツーサイド	D：レッグカール

　また，このように前半（A＋B）と後半（C＋D）に分けるのではなく，A＋Bを練習した後，Cを練習しA＋B＋Cとし，その後，Dを練習してA＋B＋C＋Dとするというやり方もある。また場合によっては，後半（C＋D）をつくってから前半（A＋B）をつくり，前半と後半をつなげるというやり方もある。一般的には，最初から順に完成していくほうが理解しやすいが，後半をつくるのに時間がかかるようなら，時間がかかるほうを先につくったほうが，レッスンの流れはスムーズである。この場合，「後半を先につくります」というような言葉での誘導も重要となる。

《2》レイヤリングとは ■■■■■■■■■■■■■■■■■■■■■■■■■■■■■■■

レイヤリングとは，たとえればケーキにクリームをぬり，いちごをのせるというように，元となる動きに要素を"重ねていくこと"である。具体的には，ステップを変化させたり，手の動きを加えたり，移動を加えたり，ハイインパクトにしたりして複雑な完成形の動きへと難度や強度を上げていくことである。以下にレイヤリング例を示す。

【レイヤリングの例】
- マーチ ⇨ 3マーチ＆タッチ ⇨ 3マーチ＆タッチ（タッチで拍手）⇨ 3マーチ＆タッチ（拍手・前後移動）⇨ 3マーチ＆ホップ（拍手・前後移動）
- ステップタッチ ⇨ レッグカール・シングル ⇨ レッグカール・ダブル ⇨ ツーリピーター
- ステップタッチ ⇨ ステップタッチ（後退）⇨ケンケン（後退）
- ツーサイド ⇨ グレープバイン（拍手）⇨グレープバイン（深呼吸の手＋両手外回し）

《3》アドオンとレイヤリングの順序 ■■■■■■■■■■■■■■■■■■■■■■■

レイヤリングとアドオンの順序は決まっていない。アドオンして16cや32cにしてからレイヤリングすることもあるし，8cのステップをレイヤリングしてからアドオンすることもある。つまり，一つ一つのパーツをシンプルな形のままつなげて，つなげた後で徐々に複雑にしていくのか，一つ一つのパーツをある程度難しくしてからつなげるのかということだ。どちらの方法がよりスムーズで楽しいか熟考する必要があり，ここがセンスの見せどころでもある。

❶アドオンを先に行ったほうがよい場合

A＋B＋C＋Dというコンビネーションにおいて，Aをレイヤリングし，Bをレイヤリングし，Cをレイヤリングし，Dをレイヤリングして，最初から全部つなげましょうというやり方はあまりよくない。Dをレイヤリングしているときには，もうAのことなど忘れているからである。一つ一つは簡単なステップでも，展開の早い段階でアドオンし，16cくらいの短いシークエンスを楽しんでもらうのがよい。たとえば，ステップタッチばかりを繰り返すより，グレープバインも覚えてもらって，ステップタッチとグレープバインを交互に行うほうが楽しいということである。特に高齢者や初心者のレッスンにおいては，一つのステップを延々と練習してしまいがちだが注意したいものだ。

❷レイヤリングを先に行ったほうがよい場合

一つ一つのパーツをシンプルな形のままつなげて32cにしたら，つまらないコンビネーションになってしまうということもあり得る。32cつなげたコンビネーションはシンプルであ

っても，繰り返し行うことが楽しい振付であることが望ましい。よって，そのような場合は，ある程度レイヤリングしてからアドオンするのがよい。また，いったんアドオンして 16c や 32c の長さにしたとしても，その後に難しい手の動きをつけたらできなくなり，また 8c のみの部分練習となってしまう場合もある。そのような場合は，8c の長さのうちに部分練習も兼ねながら手の動きをつけて練習し，その後にアドオンするほうがスムーズかもしれない。しかし，32c にした後に部分練習を行ってはいけないというのではない。たとえば，32c のコンビネーションを繰り返し楽しんだ後に，さらにもっと難しいレイヤリングにチャレンジするという場合などは，後から部分練習するのもありである。また，そのようなときに，ある要素を加えたら，参加者の大半がとまどった様子を見せ，部分練習してもすぐに改善しそうになかったら，いったん加えた要素，すなわち移動や回転，上肢の動きなどをやめる勇気も必要である。そのときに無理にやらなくても，次の週に同じことをやってみたら，案外さらっとできたりするものである。

❸レイヤリングを後に行ったほうがよい場合

　強度が上がるようなレイヤリング，たとえば，レッグカール・ダブル ⇨ ツーリピーターや，特にハイインパクトに変化させるレイヤリング，たとえばステップタッチ ⇨ ケンケンやヒールタッチ ⇨ フロントキックなどは，レッスンの後半で行ったほうがよい。参加者の様子を見て，体力的に難しいようなら，そのレイヤリングはやめるという選択もあるからだ。

❹アドオンとレイヤリングの例

　アドオンとレイヤリングの典型的なやり方としては，まず，アドオンとレイヤリングによって，32c のコンビネーションの原型をつくり，その後，参加者の様子を見つつレイヤリングして，さらに難度や強度を上げてコンビネーションの完成形まで導くという方法である。120 頁に，アドオンとレイヤリングの例を 32c × 8 段のステップシートで示す。

　まず，コンビネーションの完成形（8 段目）は下記の通りである。

					ステップ
8	3 マーチ＆ホップ	ケンケン	グレープバイン	ツーリピーター	ステップ
	拍手	両手を振る	深呼吸の手＋両手外回し	片手を引く	上肢
	右斜め前に 4c 左斜め前に 4c 移動	後退			移動

　また，コンビネーションの原型（5 段目）は下記の通りである。

					ステップ
5	3 マーチ＆タッチ	ステップタッチ	グレープバイン	レッグカール D ※	ステップ
	拍手	拍手	拍手	両手を引く	上肢
	前後移動 　　A	B	C	D	移動

※レッグカールD：レッグカール・ダブルのこと。

118　Ⅳ章　コンビネーションの展開方法を考える

この例では，5段目で**コンビネーションの原型**が完成しており，アドオンの順序は下記の通りである。

1段目：A

2段目：A＋B

3段目：C

4段目：C＋D

5段目：A＋B＋C＋D

また，5段目までに行われたレイヤリングは下記の通りである。

- マーチ ⇨ 3マーチ＆タッチ ⇨ 3マーチ＆タッチ（拍手）⇨ 3マーチ＆タッチ（拍手・前後移動）
- ツーサイド ⇨ グレープバイン
- ステップタッチ ⇨ レッグカール・シングル ⇨ レッグカール・ダブル

コンビネーションの原型完成後（6～8段）のレイヤリングの順序は，原則，以下の順序で行うのがよい。理由は，強度が上がりやすいレイヤリングは後に行うという考えからである。

①手の動きを加える

②水平移動を加える

③ハイインパクトにする

120頁の例においても，この原則通りである。6段目以降に行われたレイヤリングは下記の通り（表中の網がけ部分）である。

- グレープバイン（拍手）⇨ グレープバイン（深呼吸の手＋両手外回し）
- レッグカール・ダブル ⇨ ツーリピーター
- 3マーチ＆タッチ（拍手・前後移動）⇨ 3マーチ＆タッチ（拍手・斜め前に移動[※]）
  ※右足から3マーチ＆タッチで右斜め前に前進，次に左足から3マーチ＆タッチで左斜め前に前進。
- ステップタッチ ⇨ ステップタッチ（後退）
- 3マーチ＆タッチ（拍手・斜め前に移動）⇨ 3マーチ＆ホップ[※]（拍手・斜め前に移動）
  ※右足から3歩歩いたら，3歩目の右足で跳び右足で降りる。4c目で着地と同時に拍手する。
- ステップタッチ(後退) ⇨ ケンケン（後退）

ステップシートは，レイヤリングによる強度変化をわかりやすくするために，小節の上段にステップ，中段に上肢の動き，下段に移動（水平移動，ホップ）を示す構造としている。

119

【アドオンとレイヤリングの例】

	8カウント	8カウント	8カウント	8カウント	
1	マーチ	3マーチ&タッチ	3マーチ&タッチ	3マーチ&タッチ	ステップ
			拍手	拍手	上肢
	A	A	A	A	移動
2	3マーチ&タッチ	ステップタッチ	3マーチ&タッチ	ステップタッチ	ステップ
	拍手	拍手	拍手	拍手	上肢
	前後移動　A	B	前後移動　A	B	移動
3	ツーサイド	グレープバイン	グレープバイン	ステップタッチ	ステップ
	手は腰	拍手	拍手	両手を引く	上肢
	C	C	C	D	移動
4	グレープバイン	レッグカールS※	グレープバイン	レッグカールD	ステップ
	拍手	両手を引く	拍手	両手を引く	上肢
	C	D	C	D	移動
5	3マーチ&タッチ	ステップタッチ	グレープバイン	レッグカールD	ステップ
	拍手	拍手	拍手	両手を引く	上肢
	前後移動　A	B	C	D	移動
6	3マーチ&タッチ	ステップタッチ	グレープバイン	ツーリピーター	ステップ
	拍手	拍手	深呼吸の手+両手外回し	片手を引く	上肢
	前後移動				移動
7	3マーチ&タッチ	ステップタッチ	グレープバイン	ツーリピーター	ステップ
	拍手	拍手	深呼吸の手+両手外回し	片手を引く	上肢
	右斜め前に 4c 左斜め前に 4c 移動	後退			移動
8	3マーチ&ホップ	ケンケン	グレープバイン	ツーリピーター	ステップ
	拍手	両手を振る	深呼吸の手+両手外回し	片手を引く	上肢
	右斜め前に 4c 左斜め前に 4c 移動 ホップ	後退, ホップ			移動

※レッグカールS：レッグカール・シングルのこと。

《4》レイヤリング―ステップを段階的に導く方法　■■■■■■■■■■■■■

次にステップを段階的に導く方法について，❶難度の観点と，❷強度の観点から具体的に説明する。最近は，Vステップやグレープバイン，3マーチ＆タッチやツーリピターなどもいきなりやってしまうレッスンも多いが，ウォーミングアップにもなるので，中上級クラスでも段階的に導いてみてはどうだろうか。原則，❶難度の観点から段階的に導く方法はアドオンする前に行い，❷強度の観点から段階的に導く方法は，16cや32cになってから行うレイヤリングと考えてよい。また，高齢者などにグレープバインやボックスなどのステップを初めておしえる際，段階的に導く方法として，倍のゆっくりしたテンポで行った後，速く行うという方法もあるが，この場合，せっかく上がった心拍数を下げてしまいかねない。よって，この方法は最終手段と考え，できれば❶難度の観点から段階的に導く方法を取るのがよい。

❶難度の観点から段階的に導く方法

①3マーチ＆タッチ（前後移動）
- 8マーチ 8c
⇨3マーチ＆タッチ 8c
⇨3マーチ＆タッチ（タッチで拍手） 8c
⇨3マーチ＆タッチ（拍手・前後移動） 8c

②ボックス
- マーチ
⇨前で2歩，後ろで2歩踏む前後に移動するマーチ 4c
⇨2歩目を前に交差する 4c

③Vステップ
- 8オープンマーチ※＋8クローズドマーチ※ 16c
⇨4オープンマーチ＋4クローズドマーチ 8c
⇨2オープンマーチ＋2クローズドマーチ（＝オープンクローズ） 4c
⇨オープンマーチを1歩前で行う（＝Vステップ） 4c
　※オープンマーチ：足を開いて歩く。
　※クローズドマーチ：足を閉じて歩く普通のマーチ。
- マーチ
⇨前で2歩，後ろで2歩踏む前後に移動するマーチ 4c
⇨前で2歩踏むときに足を開く（前ではオープンマーチ） 4c
　※前後にしっかり移動することが目的の場合は，この展開がふさわしい。

121

④グレープバイン

・ステップタッチ 4c

⇨ツーサイド 8c

⇨グレープバイン 8c

⑤レッグカール・ダブル

・ステップタッチ

⇨レッグカール・シングル 4c

⇨レッグカール・ダブル 4c

⑥ステップニー＆2マーチ※

・2スローマーチ＋4マーチ 8c

⇨1スローマーチ＋2マーチを左右行う 8c

⇨ステップニー＆2マーチを左右行う 8c

　※166頁の【32cで段階的に導くステップの展開例】も参照してほしい。

・(右)前後ステップタッチ×4（4回目は最後タッチしないで踏む）

＋(左)前後ステップタッチ×4（4回目は最後タッチしないで踏む） 32c

⇨(右)ステップニー＆後ステップタッチ×4（4回目は最後タッチしないで踏む）

＋(左)ステップニー＆後ステップタッチ×4（4回目は最後タッチしないで踏む） 32c

⇨(右)ステップニー＆後ステップタッチ×2（2回目は最後タッチしないで踏む）

＋(左)ステップニー＆後ステップタッチ×2（2回目は最後タッチしないで踏む） 16c

⇨(右)ステップニー＆2マーチ＋(左)ステップニー＆2マーチ 8c

　※膝をしっかり上げてもらいたい場合には，この展開がふさわしい。

⑦シャッセ＆2マーチ※

・2スローオープンマーチ＋4クローズドマーチ 8c

⇨1スローオープンマーチ＋2クローズドマーチを左右行う 8c

⇨スローオープンマーチのところをタタタンというリズムに変えて 8c

　※166頁の【32cで段階的に導くステップの展開例】も参照してほしい。

⑧マンボシャッセ（左右に移動）※

・(右)前にステッピングアウト※＋(左)前にステッピングアウト 8c

⇨(右)斜め前にステッピングアウトして右に踏み出す

＋(左)斜め前にステッピングアウトして左に踏み出す 8c

⇨横に踏み出す3c〜4cをチャチャチャのリズムに変えて（＝マンボシャッセ） 8c

　※167頁の【32cで段階的に導くステップの展開例】も参照してほしい。

　※ステッピングアウト：両足をそろえたところから，右足を踏み込んで戻る，左足を踏み込んで
　　戻る。戻るときは両足がそろう。

⑨マンボシャッセ（前後に移動）

- （右）前にステッピングアウト＋（左）前にステッピングアウト 8c
⇨（右）前にステッピングアウト＋右を向いて（左）ステッピングアウト 8c
⇨（右）前にステッピングアウト＋後ろを向いて（左）ステッピングアウト 8c
⇨3～4c をチャチャチャのリズムに変えて※（＝マンボシャッセ） 8c
　　※自身にとっては⑧と同様に横移動マンボシャッセだが，フロアー上では後退前進となる。

⑩クロスマーチ＋レッグカール・ダブル

- 8 マーチ＋2 レッグカールD※ 16c
⇨（右）4 マーチ＋レッグカールD＋（左）4 マーチ＋レッグカールD 16c
⇨（右）4 歩横移動※＋レッグカールD＋（左）4 歩横移動＋レッグカールD 16c
⇨4 歩横移動の際，2 歩目を後ろ，4 歩目を前に交差する（＝クロスマーチ＋レッグカールD） 16c
　　※レッグカールD：レッグカール・ダブルのこと
　　※4 歩横移動：完全に横を向いて移動するのではなく，クロスマーチは前向きなので，少し斜め
　　　前を向いて横に移動するのが望ましい。完全に前を向いてしまうとツーサイドと紛らわしい。

❷ 強度の観点から段階的に導く方法

①ツーリピーター

- レッグカール・ダブル ⇨ ツーリピーター

②サイドランジ

- サイドタッチ ⇨ サイドランジ

④ケンケン

- ステップタッチ ⇨ ケンケン

⑤ポニー

- ステップタッチ ⇨ ポニー

⑥ツイスト・シングル

- オープンマーチ ⇨ ツイスト・シングル
- ツイスト・ダブル ⇨ ツイスト・シングル

⑦ツイスト・ダブル

- ステップタッチ ⇨ ツイスト・ダブル

⑧ヒールジャック

- ステップタッチ ⇨ ヒールジャック

⑨ピエロジャック

- レッグカール ⇨ ピエロジャック

⑩フロントキック

  ・ヒールタッチ（フロント）⇨フロントキック

⑪ニーアップ

  ・ヒールタッチ ⇨ ニーアップ

《5》リバースピラミッド ■■■■■■■■■■■■■■■■■■■■■■■■

　リバースピラミッドとは，ステップの反復回数を徐々に減らしていくことにより，8c や 16c のシークエンスを習得しやすくする方法である。たとえば，A（8c）＋B（8c）という 16c のシークエンスを習得しやすくする方法として，

　　A＋A＋A＋A＋B＋B＋B＋B $\boxed{64c}$

　　A＋A＋B＋B $\boxed{32c}$

　　A＋B $\boxed{16c}$

というようなやり方がある。以下に，リバースピラミッドの具体例をあげる。

【リバースピラミッド例】

　①8ステップタッチ＋4グレープバイン $\boxed{32c}$

　　⇨4ステップタッチ＋2グレープバイン $\boxed{16c}$

　②2ボックス＋4ステップタッチ $\boxed{16c}$ ⇨ボックス＋2ステップタッチ $\boxed{8c}$

　③2グレープバイン＋4レッグカールS※ $\boxed{16c}$

　　⇨（右）グレープバイン＋（左）2レッグカールS

　　＋（左）グレープバイン＋（右）2レッグカールS $\boxed{16c}$

　　※レッグカールS：レッグカール・シングルのこと。

①の例などは，スポーツクラブのレッスンではほとんど見かけなくなったが，同じステップを何回も練習できるため，エアロビクスに不慣れな参加者においては有効な方法である。また，②のように 1 小節（8c）で 2 種類のステップを行う場合や，③の例のように右リードのシークエンス（16c）を左右対称のシークエンス（16c）にするときなどには今でもよく使われる方法である。リバースピラミッドを行う際は，繰り返す回数を半分にするという意味で「半分にします」という指示がよく使われる。

　また，難度の観点からステップを段階的に導く方法として紹介したものの中には，Vステップやステップニー，シャッセ＆2マーチ，クロスマーチ＋レッグカールDのように，リバースピラミッドの手法を使っているものもある。

《6》展開する際の音楽の使い方 ■■■■■■■■■■■■■■■■■■■■■■

　エアロビクス用の音楽は，8c × 4（32c）が繰り返される特殊な構成になっている。また，

その 32c の中にさらに 8c × 2（16c）の小さな区切りがある。コンビネーションの完成形も 32c なので，コンビネーションの構成と音楽の構成が合っていること，すなわち，コンビネーションの始まりと音楽の区切りが一致していることが望ましい。また，コンビネーションを前半と後半の 2 つのシークエンス (16c) に分けた場合，シークエンスの始まりと音楽の小さな区切りも一致していることが望ましい。

　以下は音楽の構成を示したものである。小さな四角一つは 1 小節（8c）を示しており，2 小節ずつの小さな区切りと 4 小節ずつの大きな区切りが 2 重線と 3 重線で示されている。コンビネーションを展開する過程において，以下の音楽の使い方が正しいか間違っているか考えてみよう。

【A (8c) を繰り返し練習する場合】

①

8 カウント	8 カウント	8 カウント	8 カウント
A	A	マーチ	マーチ

②

8 カウント	8 カウント	8 カウント	8 カウント
A	A	A	マーチ

③

8 カウント	8 カウント	8 カウント	8 カウント
A	マーチ	A	マーチ

④

8 カウント	8 カウント	8 カウント	8 カウント
マーチ	A	マーチ	A

⑤

8 カウント	8 カウント	8 カウント	8 カウント
A	マーチ	マーチ	A

答え：①→○，②→○，③→○，④→場合によって○，⑤→×　（○：正しい，×：やらないほうがよい）

　A という 1 種類のステップを練習する場合，お休みにあたるマーチなどと交互に行うことが

125

多い。Ａという１種類のステップを練習するのであれば，Ａの始まりが音楽の区切りと一致していたほうがよいので，①，②，③の音楽の使い方は正しい。ステップＡを8c練習したら，お休みのマーチは8cであるし，ステップＡを16c練習したら，お休みのマーチは16cである。取るべきお休みの長さは，特に数えなくても感覚的にわかるようにトレーニングしたいものである。④の音楽の使い方は間違いではないがあまりやらないようにしたい。いつも音楽の区切りに合わせて，新しいことを起こすというルールで指導すれば，知らないうちに参加者にも音感を身につけてもらうことができるからである。④については，たとえば，Ａの前のマーチをマンボに変化させてマンボ＋Ａというシークエンスにしたい場合などにはあり得る。また，⑤の音楽の使い方はやらないほうがよい。

【Ａ (8c) ＋Ｂ (8c) というシークエンスを繰り返し練習する場合】

①

8カウント	8カウント	8カウント	8カウント
Ａ	Ｂ	マーチ	マーチ

②

8カウント	8カウント	8カウント	8カウント
Ａ	Ｂ	Ａ	Ｂ

③

8カウント	8カウント	8カウント	8カウント
マーチ	Ａ	Ｂ	マーチ

答え：①→○，②→○，③→×　（○：正しい，×：やらないほうがよい）

　Ａ＋Ｂ（16c）というシークエンスを練習する場合も，お休みにあたるマーチなどと交互に行うことが多い。シークエンスを１回しか行わない場合も，２回または３回繰り返す場合も，お休みにあたるマーチは32cか16c行い，シークエンスの始まりと音楽の区切りを一致させるべきである。したがって，①と②の音楽の使い方は正しいが，③の使い方はやらないほうがよい。シークエンスを連続して繰り返す場合も，③のような使い方にならないようにしたい。なぜなら，音楽に8c×２の小さな区切りがあるため，音感のある参加者は，Ｂが先にくるＢ＋Ａ（16c）というシークエンスだと認識してしまうためである。

【Ａ (8c) ＋Ｂ (8c) ＋Ｃ (8c) というシークエンスを繰り返し練習する場合】

①

8カウント	8カウント	8カウント	8カウント
Ａ	Ｂ	Ｃ	マーチ

126　Ⅳ章　コンビネーションの展開方法を考える

②

8カウント	8カウント	8カウント	8カウント
A	B	C	A
B	C	A	B
C	A	B	C

答え：①→○，②→×　（○：正しい，×：やらないほうがよい）

　A＋B＋Cという24cのシークエンスを繰り返し練習する場合は，最後の4小節目をマーチでお休みするのがよい。お休みなしで，連続して練習すると②のようになってしまうが，このような音楽の使い方は絶対にすべきではない。音楽の区切りの頭が，AになったりBになったり，Cになったりすると，音感のある参加者は大変混乱する。

【A (8c) ＋B (8c) ＋C (8c) ＋D (8c) というコンビネーションを繰り返し練習する場合】

①

8カウント	8カウント	8カウント	8カウント
A	B	C	D

②

8カウント	8カウント	8カウント	8カウント
マーチ	マーチ	A	B
C	D	マーチ	マーチ

③

8カウント	8カウント	8カウント	8カウント
マーチ	A	B	C
D	A	B	C

答え：①→○，②→場合によって○，③→×　（○：正しい，×：やらないほうがよい）

　32cの振付の場合，音楽の区切りを考えたら当然①が望ましい。また，有酸素運動としての効果を考え，32cの長さになったら連続して練習することが望ましいが，レッスン中には参加者を休ませたい場合もある。この場合，32c休むことが原則であるが，せっかく上がった心拍数を落としたくない場合などには，やむを得ず②のような使い方をすることもあるかもしれない。ただ，③のような使い方は絶対にすべきではない。曲の区切りから，D＋A＋B＋Cという順番であると認識してしまい参加者が混乱するからである。

2　その他の展開方法と展開方法の難度

コンビネーションにも難度があるように，コンビネーションの展開方法にも難度がある。エアロビクス初心者においては，長期的に以下の順序で展開方法を発展させていくのがよい。

《1》リニア ■■■■■■■■■■■■■■■■■■■■■■■■■■■■■■■

本書ではコンビネーションによるレッスン方法を扱うが，コンビネーションをつくらない，すなわちステップの順番を決めずに自由に次のステップに移行していく方法もある。この方法をリニアという。リニアは最近のスポーツクラブのレッスンではほとんど見かけないが，エアロビクス初心者だけを対象とするレッスンなどでは，ステップの名称を知ってもらうためにも有効である。よって，コンビネーションによるレッスンを行う前段階としてリニアという方法もあることを知っておいてもらいたい。また，少し慣れてきたら，規則的にステップを繰り返すようにする。たとえば，ステップタッチ（8c）＋マーチ（8c）を繰り返したり，ステップタッチ（8c）＋グレープバイン（8c）を繰り返したりなどである。これは，すなわち16cのシークエンスを繰り返しているのと同じことで，このような段階を経て右リードのみのコンビネーション（32c）へと移行していく。

《2》右リードのみのコンビネーションをアドオンで展開 ■■■■■■■■■■■

リニアの次の段階は，4種類程度のステップをつなげた右リードのみのコンビネーションを展開することである。右リードのコンビネーションの組み立て方は，**1**で解説した通りである。慣れてきたら，同じコンビネーションを左リードでも行い，右リードと左リードの意味を理解してもらおう。ただし，右リードしか行わないのであれば，左右の筋の使い方がアンバランスにならないように，マンボなど片足ばかりを踏み込むようなステップはなるべく使わないよう配慮したい。

《3》左右対称のコンビネーションをアドオンで展開 ■■■■■■■■■■■■■■

さらに次の段階として，コンビネーションの中にリードチェンジムーブ（LCM）が入る左右対称のコンビネーションの展開がある。ただし，LCMの位置と展開方法によって難度が異なり，よりわかりやすいのは，LCMを最後に配置し，最初から順にステップをアドオンする方法である。この場合，最後のLCMでリードチェンジが起こり，左リードを最初から再びアドオンしていく。振付の順番通りにコンビネーションが完成していくので理解しやすいが，どうしても右リードのほうに左リードよりも長く時間をかけがちなので，左右の筋の使い方がアンバランスになりやすい。以下に具体例をステップシートで示すことにする。

	8カウント	8カウント	8カウント	8カウント	
1	マーチ	3マーチ&タッチ×2	3マーチ&タッチ×2	3マーチ&タッチ×2	ステップ
			拍手	拍手	上肢
	A	A	A	A	移動
2	3マーチ&タッチ×2	4レッグカール	3マーチ&タッチ×2	4レッグカール	ステップ
	拍手	両手を引く	拍手	両手を引く	上肢
	前後移動　A	B	前後移動　A	B	移動
3	マーチ（3拍子マンボをプレビュー）	3拍子マンボ（1c目斜め前に踏む）&2マーチ	3拍子マンボ（1c目斜め前に踏む）&2マーチ	8マーチ	ステップ
					上肢
	C	C	C		移動
4	3マーチ&タッチ×2	4レッグカール	3拍子マンボ（1c目斜め前に踏む）&2マーチ	8マーチ	ステップ
	拍手	両手を引く			上肢
	前後移動　A	B	C		移動
5	2スローマーチ＋4マーチ	2スローマーチ＋4マーチ	1スローマーチ＋2マーチを2回	2ステップニー&2マーチ	ステップ
					上肢
	D	D	D	D	移動
6	3マーチ&タッチ×2	4レッグカール	3拍子マンボ（1c目斜め前に踏む）&2マーチ	2ステップニー&2マーチ	ステップ
	拍手	両手を引く			上肢
	前後移動　A	B	C	D	移動

　まず，アドオンとレイヤリングにより，右リードのコンビネーションをつくる。この例では，6段目でコンビネーションの原型ができあがる。コンビネーションに不慣れな参加者であれば，この6段目を何回か練習する。

	8カウント	8カウント	8カウント	8カウント	
7	（右）1ステップニー&6マーチ	（左）1ステップニー&6マーチ	（右）1ステップニー&6マーチ	（左）1ステップニー&6マーチ	ステップ
					上肢
	D	左D	D	左D	移動

	8				
8	(右) 3拍子マンボ (1c目斜め前に踏む)＆2マーチ	1ステップニー＆6マーチ	3拍子マンボ (1c目斜め前に踏む)＆2マーチ	1ステップニー＆6マーチ	ステップ
					上肢
	C	D	左C	左D	移動
9	(右) 3マーチ＆タッチ×2	4レッグカール	3拍子マンボ (1c目斜め前に踏む)＆2マーチ	1ステップニー＆6マーチ	ステップ
	拍手	両手を引く			上肢
	前後移動　A	B	C	D	移動
10	(左) 3マーチ＆タッチ×2	4レッグカール	3拍子マンボ (1c目斜め前に踏む)＆2マーチ	1ステップニー＆6マーチ	ステップ
	拍手	両手を引く			上肢
	前後移動　左A	左B	左C	左D	移動

　つづいて，最後の２ステップニー＆２マーチを１ステップニー＆６マーチという LCM に変え，後半のシークエンス，すなわち３拍子マンボから１ステップニーまでを左右対称に練習する（7～8段目）。そして，最初から，コンビネーションを左右対称に行う（9～10段目）。コンビネーションに慣れている参加者であれば，6段目を行わずに，5段目の後，7段目につながる展開でもよいであろう。また，後半のシークエンスを練習せずに，最初の３マーチ＆タッチから行うのもありである。しかし，慣れていない参加者だと，特に３拍子マンボのようなステップは，いきなり左リードで行うのは難しいものである。よって，この例では，左リードの３拍子マンボの練習と後半のシークエンスを確認する意図で８段目を実施することとした。このように，左右対称のコンビネーションをアドオンで展開する場合は，最後に LCM があったほうが順番を理解しやすい。

《4》左右対称のコンビネーションをインサートで展開　■■■■■■■■■■■■■■

　次の段階として，最初に LCM を左右対称に行い，LCM の前と後ろにステップを足していく方法がある。LCM と LCM の間にステップが挿入されていくのでインサートといわれる。シークエンスが左右対称につくられるため，右リードと左リードの実施回数が等しく左右の筋をバランスよく使うことができる。以下に具体例をステップシートで示すことにする。

	8カウント	8カウント	8カウント	8カウント	
1	4ステップタッチ	2レッグカールD	4ステップタッチ	2レッグカールD	ステップ
	拍手	両手を引く	拍手	両手を引く	上肢
	A	A	A	A	移動

2	（右）2ステップタッチ＋1レッグカールD	8マーチ	（左）2ステップタッチ＋1レッグカールD	8マーチ（ボックス＋マンボをプレビュー）※	ステップ
	拍手＋両手を引く		拍手＋両手を引く		上肢
	A	B	左A	左B	移動
3	（右）2ステップタッチ＋1レッグカールD	ボックス＋マンボ	（左）2ステップタッチ＋1レッグカールD	ボックス＋マンボ	ステップ
	拍手＋両手を引く		拍手＋両手を引く		上肢
	A	B	左A	左B	移動

※プレビュー：指導者が，次に行う動作を一つ前の動作で見せることである。この場合，参加者はマーチを行うことを想定している。

Ⅲ章で述べたように（Ⅲ章 - **2**，p.91），レッグカールDのような"ステップタッチを原型とするステップ"は奇数回行うとLCMとなる。よって，1～2段目で2ステップタッチ＋1レッグカールDというLCMをつくっている。つづいて，このLCMの後にボックス＋マンボを挿入している。インサートの難しいところは，展開の最初のほうで左リードが出てくる点である。リード足を理解していない参加者には混乱の原因となるかもしれない。以下に，上記のステップシートのつづきを示す。コンビネーションの後半は，左右対称のシークエンスとした。

4	2ツーサイド（5～8cでグレープバインをプレビュー）	2グレープバイン	2グレープバイン	8マーチ	ステップ
	手は腰	定番	定番		上肢
	C	C	C	C	移動
5	（右）グレープバイン＋4マーチ	（左）グレープバイン＋4マーチ（Vステップをプレビュー）	（右）グレープバイン＋Vステップ	（左）グレープバイン＋Vステップ	ステップ
	定番	定番	定番	定番	上肢
	C	C'	C	C'	移動
6	（右）2ステップタッチ＋1レッグカールD	ボックス＋マンボ	（左）グレープバイン＋Vステップ	（右）グレープバイン＋Vステップ	ステップ
	拍手＋両手を引く		定番	定番	上肢
	A	左B	左C	C'	移動
7	（左）2ステップタッチ＋1レッグカールD	ボックス＋マンボ	（右）グレープバイン＋Vステップ	（左）グレープバイン＋Vステップ	ステップ
	拍手＋両手を引く		定番	定番	上肢
	左A	B	C	C'	移動

現在多くのスポーツクラブでは，インサートでコンビネーションが展開されており，コンビネーションの最初に LCM を配置し，最初から順にコンビネーションが完成していくように意図されているレッスンが多い。しかし，《3》（p.131）で紹介した，LCM が最後に配置されているコンビネーションにおいてもインサートで展開することは可能である。その例を以下にステップシートで示す。

	8カウント	8カウント	8カウント	8カウント	
1	2スローマーチ＋4マーチ	2スローマーチ＋4マーチ	1スローマーチ＋2マーチを2回	2ステップニー＆2マーチ	ステップ
					上肢
	D	D	D	D	移動
2	（右）ステップニー＆6マーチ	（左）ステップニー＆6マーチ	（右）ステップニー＆6マーチ	（左）ステップニー＆6マーチ	ステップ
					上肢
	D	左D	D	左D	移動
3	（右）8マーチ（3拍子マンボをプレビュー）	ステップニー＆6マーチ	（左）8マーチ（3拍子マンボをプレビュー）	ステップニー＆6マーチ	ステップ
					上肢
	C	D	左C	左D	移動
4	（右）3拍子マンボ（1c目斜め前に踏む）＆2マーチ	ステップニー＆6マーチ	（左）3拍子マンボ（1c目斜め前に踏む）＆2マーチ	ステップニー＆6マーチ	ステップ
					上肢
	C	D	左C	左D	移動
5	（右）8マーチ	4レッグカールS	3拍子マンボ（1c目斜め前に踏む）＆2マーチ	ステップニー＆6マーチ	ステップ
		両手を引く			上肢
	A	B	C	D	移動
6	（左）8マーチ（3マーチ＆タッチ）	4レッグカールS	3拍子マンボ（1c目斜め前に踏む）＆2マーチ	ステップニー＆6マーチ	ステップ
		両手を引く			上肢
	左A	左B	左C	左D	移動
7	（右）3マーチ＆タッチ	4レッグカールS	3拍子マンボ（1c目斜め前に踏む）＆2マーチ	ステップニー＆6マーチ	ステップ
	拍手	両手を引く			上肢
	前後移動 A	B	C	D	移動
8	（左）3マーチ＆タッチ	4レッグカールS	3拍子マンボ（1c目斜め前に踏む）＆2マーチ	ステップニー＆6マーチ	ステップ
	拍手	両手を引く			上肢
	前後移動 左A	左B	左C	左D	移動

現在多くのスポーツクラブではインサートが主流だと述べたが，初級者クラスでは，アドオンで展開する方法も有効であり，この段階でリード足やLCMについておしえておくと，中級や上級クラスでもコンビネーションをスムーズに覚えることができる。また，初級クラスにおいては，コンビネーションが新しいうちは，アドオンで展開し，慣れてきたらインサートで展開するというのも有効である。インサートで展開するためには，参加者が挿入されるステップに慣れているほうが望ましいためである。

　インストラクターにとっては，これらの展開方法を参加者に知られることは，手の内を明かすようで不安かもしれない。しかし，初心者にエアロビクスをつづけてもらうためにも，また長くエアロビクスを楽しんでもらうためにも必要なことではないだろうか。

V章

運動プログラムを指導する

　この章では，運動プログラム，すなわちコンビネーションの完成形と展開方法は決まっているという前提で，その運動プログラムに沿って参加者を導く指導技術について述べることとする。

1 バーバルキュー（言語的な指示）

　言葉で伝える指示のことをバーバルキューという。すなわち，参加者に対して，次にどのように動くのかを，動きだす直前に，言葉で伝えることである。たとえば，「横に一つ移動」，「4つ目にタッチ」などがそうである。バーバルキューはできるだけ簡潔な言葉で言うのがよく，ステップ名のある動きであれば，最初はステップ名だけでもよいので言えるようにしたいものである。指示を出すタイミングは，原則，動きの始まりの4カウント前，すなわち，1c目（cはカウント）から動き出すのであれば5〜7cの3カウントで言い切ると次の動きに入りやすい。7cよりも早く言い終わってしまった場合は，8c目で「はい」や，7〜8cで「さんはい」などを言うほうが親切な場合もある。また，エアロビクスに不慣れな参加者の場合は，7c目までに指示を言い，さらに8c目で「はい」を言ったほうが動き出しのきっかけがわかりやすいかもしれない。また，場合によっては6カウント前や8カウント前から次の指示を言い始めることもある。それは，レッスンの流れの中で新しいことを始めるとき，たとえば新たなシークエンスをつくり始めるときなどは，より参加者の注意を引くように早めに指示を出すのがよい。そのような場合も，早く言い終わった場合は，「はい」など動き出しのきっかけを出す必要があるかもしれない。マイクを通していても，大きく聴き取りやすい声で，語尾を上げる

ような気持ちで言うのがよく、「今度は」など必要ではないのについ言ってしまう口癖はなるべく言わないように注意したい。加え、一つのステップを繰り返し練習する場合やステップを繰り返しながら音の切れ目を待つような場合は、「もう少し」と言ったり、あと何カウントかわかるのであればカウントダウン（後述）するのが親切である。インストラクターが何も言わないでいると参加者は不安になるものである。

ドリル 　5〜7c の 3 カウントでバーバルキューを出す練習をしてみよう

　以下のバーバルキューを、できれば拍手などでカウントを刻みながら、5〜7c の 3 カウントで言えるように練習してみよう。その際、次の 1c 目から動きが変わることを想定しながら言うことが大切である。

1・	2・	3・	4・	5・	6・	7・	8・
				ゆっくり右に移動			
				歩きましょう			
				ステップタッチ			
				前に移動します			
				前に 4 つ			
				2 歩移動します			
				2 歩目を後ろに交差			
				グレープバイン			
				レッグカール			

【まとめ】
- 言葉で伝える指示のことをバーバルキューという。
- 原則、動き出しの 4 カウント前から言う。
- 「はい」など、動き出しのきっかけが必要な場合もある。
- 新しいことを始めるときは、4 カウントよりも早くキューを出すのが親切である。
- 大きく聴き取りやすい声で言う。
- 語尾を上げるような気持ちで言う。
- 口癖には注意しよう。
- 一つのステップを長く練習する場合は、「もう少し」という指示があったほうが親切である。

2 カウントダウン

　カウントダウンは，バーバルキューの一つである。たとえば，ステップタッチを右左右左と4回繰り返す場合，ステップと同時に「4，3，……」と4からカウントダウンすることにより，あと何回繰り返すのかを参加者に伝えることができる。8回繰り返す場合なら，「8，7，……」と8からカウントダウンする。他にもマーチ6歩の後にレッグカールを1回行うような変則的なカウントの場合でも，マーチと同時に「6，5，4，3」と6からカウントダウンし，かつ「レッグカール」と次のステップのバーバルキューやビジュアルキューを出せば，案外簡単に参加者を導くことができる。また，カウントを言う際は，語尾を伸ばさないで，リズミカルに切るように言うのがよい。

ドリル　ステップをしながら，カウントダウンとバーバルキューを言えるように練習してみよう

① ステップタッチを4回（1～8c）行う。図にはないが，次のステップはレッグカール。

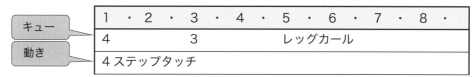

② マーチ4歩（1～4c）の後にステップタッチを2回（5～8c）行う。

③ マーチ6歩（1～6c）の後にレッグカールを1回（7～8c）で行う。よってリードチェンジする。

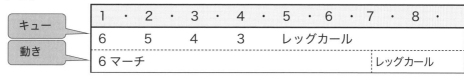

【まとめ】
- ステップと同時にカウントダウンすることにより，そのステップを何回やるのかを示す。
- カウントは語尾を伸ばさず，リズミカル切るように言う。

3　ビジュアルキュー（視覚的な指示）

　手や指など身体を使って見せる指示のことをビジュアルキューという。まず，方向キューといって動く方向を手で示して伝える方法がある。ステップによって，出す方向や高さを変えると，どのステップの指示なのかがわかりやすい。たとえば，3マーチ＆タッチで前方に移動する場合なら前斜め上（①），ステップタッチなら横斜め下（②），グレープバインなどで大きく横に移動する場合なら横斜め上（③），Vステップなら水平に斜め前（④），マーチで後退やAステップで後退するときなら手のひらを後ろに向けて後ろに動かす（⑤）などである。また，レッスンの開始や再開に際し，どちらの足から歩き始めるのかを，歩き始めるほうの手を上げて示すこともある。他の方向キューと区別するために，真上に上げるのがよいだろう（⑥）。言葉による指示は，限られたカウントの中で出さなければいけないので，方向キューを使うことにより，方向以外の情報をバーバルキューで伝えることが可能となる。もちろん対象者によっては，方向キューも出し，さらにバーバルキューでも方向を伝えなければいけない場合もある。

　また，指の本数で回数を示すこともできる。たとえば，右にレッグカール・ダブルや，右にツーサイドなら右手の指を2本立てて斜め上に上げる（⑦），右にフォーリピーターなら右手

の指を4本立てて斜め上に上げる（⑧），右左交互にレッグカール・ダブルなら両手の指を2本立てて斜め上に上げる（⑨）などである。方向キューも回数キューも，原則，右リードのときは右手で，左リードのときは左手で出すようにするとよい。すなわち，レッグカールでは軸足がリード足なので，軸足と同じ側の手で回数を示すことになり，ヒールタッチなら動かすほうの足がリード足なので，動か

す足と同じ側の手で回数を示す。細かいようだが，これらのこだわりが，参加者にリード足という理解を深めてもらえることになる。ただし，3拍子マンボなどで左斜め前に右足を出すような場合は，右リードであっても左手で方向を示したほうが自然であろう。また，ステップニーなどで，前もって出してほしいほうの脚をたたく（⑩）などもビジュアルキューである。たとえば，3拍子マンボで，左手で左斜め前に方向キューを出しながら，右手で出すほうの脚をたたくなどができる。

さらに，写真にあるように，「最初から」（⑪）や，「半分にします」（⑫）や，「呼吸をしましょう」（⑬),「お腹を引き締めて」（⑭),「肩を下げて」（⑮),「あごを引いて」（⑯）などオリジナルのビジュ

「最初から」　　　　「半分にします」　　　　「呼吸をしましょう」

「お腹を引き締めて」　　　　　「肩を下げて」　　　　　「あごを引いて」

アルキューをつくるのもよい。ただし，エアロビクスに慣れていない参加者の場合には，振付と勘違いしてしまうこともあるので，注意が必要である。

【まとめ】
- 視覚的な指示のことをビジュアルキューという。
- 方向をビジュアルキューで示す。
- 回数をビジュアルキューで示す。
- 方向キュー，回数キューは，原則，リード足と同じ側の手で出す。
- 動かすほうの脚をたたいて示すのもビジュアルキューである。
- オリジナルのビジュアルキューをつくろう。

4 プレビュー

　プレビューとは，次に行う動作を一つ前の動作で見せることである。たとえば，ツーサイド（右リード）の繰り返しからグレープバインに展開する場合，左のツーサイドで指導者だけがグレープバインをやって見せて，次からグレープバインに移行するなどの使い方がある。すなわち，参加者は左にツーサイドしながら，次に行う動きを見ることになる。

	8カウント	8カウント	8カウント	8カウント
指導者	(右) ツーサイド (左) ツーサイド	(右) ツーサイド (左) グレープバイン	(右) グレープバイン (左) グレープバイン	(右) グレープバイン (左) グレープバイン
参加者	(右) ツーサイド (左) ツーサイド	(右) ツーサイド (左) ツーサイド	(右) グレープバイン (左) グレープバイン	(右) グレープバイン (左) グレープバイン

※網がけがプレビューである。

また，下のステップシートのように，マーチ4歩とグレープバインの繰り返し（左右対称）をマンボとグレープバインの繰り返し（左右対称）に展開し，さらに，ボックスとグレープバインの繰り返し（左右対称）に展開するなどがある。このように，ツーサイドとグレープバインやマンボとボックスなど，元のステップと次のステップが似ているときに使いやすい。また，元のステップがマーチだと，マーチ系やヒールタッチ系のさまざまなステップへの展開がプレビューによって可能である。

	8カウント	8カウント	8カウント	8カウント
指導者	（右）4マーチ グレープバイン	（左）マンボ グレープバイン	（右）マンボ グレープバイン	（左）マンボ グレープバイン
参加者	（右）4マーチ グレープバイン	（左）4マーチ グレープバイン	（右）マンボ グレープバイン	（左）マンボ グレープバイン
指導者	（右）マンボ グレープバイン	（左）ボックス グレープバイン	（右）ボックス グレープバイン	（左）ボックス グレープバイン
参加者	（右）マンボ グレープバイン	（左）マンボ グレープバイン	（右）ボックス グレープバイン	（左）ボックス グレープバイン

※網がけがプレビューである。

　また，手の動きだけのプレビューもある。たとえば，Vステップのプレビューとして，右手を斜め上に上げるなどである。この動きはVステップにおいて定番の手の動きなので，「Vステップ」というバーバルキューとともに7c目にこのプレビューを見せると1c目でVステップに入りやすい。他にも，ウォーミングアップなどで8マーチと4ステップタッチを繰り返しながら，ステップタッチの手の動きをいろいろ変化させる場合（＜付録1＞ウォーミングアップ例を参照）などに，マーチの後半の4カウントで次のステップタッチの手の動きをプレビューするなどがある。この場合，足はマーチのまま，手だけ次のステップタッチの手をプレビューするので，指導者は少々技術を要する。

　また，レッグカールから3拍子マンボ（1歩目を斜め前に踏む）につながるときなどには，レッグカールの8c目では次の準備のため身体が斜め前を向く。これも広い意味ではプレビューといえる。大きく明確に動こうとすれば，多くの予備動作が参加者にとってプレビューとなる。その意味でも，大きく明確に動く努力を忘れてはいけない。

　近頃は，何でもプレビューで展開していくことが多いが，展開元のステップから大きく変化する場合には，不親切に感じることも多い。プレビューだけで参加者についてきてもらいたいのであれば，変化の段階を小刻みに設定する必要がある。また，高齢者やエアロビクスに不慣れな参加者の場合は，展開元のステップではなくマーチをしながら見てもらうのも一つの方法であろう。また，プレビューを何回見せるのかも計画的に行えるとよい。たとえば，ツーサイ

ド（右リード）の繰り返しからグレープバインへの展開がそのクラスではお決まりのパターンであれば，左のツーサイドで1回だけ見せればよいかもしれないが，もう少し不慣れなクラスであるならば，右左と往復つまり2回見せる必要があるかもしれない。

【まとめ】
- 次にやる動作を一つ前の動作で見せるのがプレビューである。
- プレビューは，展開元と後のステップが似ている場合に向いている。
- 手の動きだけのプレビューもある。
- 次の動きへの予備動作も広い意味ではプレビューである。
- プレビューを何回見せるのかも計画的に行いたい。

5 対面指導

　日本には，昔からこの対面指導という指導技術があり，体操の指導などで行われてきた。指導者が参加者と向き合って指導することなのだが，ポイントは参加者から見て鏡に映っている姿となるように，左右逆に行うことである。したがって，指導者は，「右足から」と言いながら，自分は左足から動かなくてはならないので少々技術を要する。対面指導が適しているステップはマーチ，ステップタッチ，ツーサイド，Vステップ，ステップニーなど，左右の足が交差したり，身体をひねったり，方向が変化したり，回転したりしないステップである。また，対面指導に向かないステップは，ボックスステップ，グレープバインなどである。よって，レッスンの最初から最後まで対面指導というのはなかなか難しいであろう。一方，参加者と同じ方向を向いて指導することを背面指導という。レッスンでは，対面から背面に，また背面から対面に切り替えることが必要になる。マーチで対面・背面を切り替えるときには，スローマーチを1歩入れるか，タッチを一つ入れるようにするとリード足を左右切り替えることができる。また，ステップタッチで対面・背面を切り替えるときには，ステップタッチのタッチで踏むようにするとリード足を左右切り替えることができる。また，対面指導には，参加者を安心させるという効果もある。たとえ鏡があったとしても，直接，指導者の顔を見られたほうがより安心感があるので，是非取り入れたいものである。

【まとめ】
- 参加者と向かい合い，参加者にとって鏡に映る姿のように動くのが対面指導である。
- 対面指導に向くステップと向かないステップがある。
- 対面・背面の切り替え方法を知っておこう。
- 参加者にとっては，指導者の顔を見ることができ安心感がある。

142　Ⅴ章　運動プログラムを指導する

6 ステップ名に頼らないバーバルキュー

「ステップタッチ！　グレープバイン！　Ｖステップ！　ボックス！」など，ふと気づくとステップ名ばかりを連呼していたということがある。特にエアロビクスに不慣れな参加者を対象とする場合には，むしろ，ステップ名をいっさい使わないという気持ちでチャレンジすることも必要かもしれない。案外できるものである。また，スムーズに動いてもらうためには，「斜め前に」，「小さく」，「大きく」，「右足を前に」などの言葉のほうが次のステップを連想しやすい場合もある。キューとして何を言うことがふさわしいのか常に感じてほしい。たとえばＶステップのキューで「斜め前に」などは，次のステップを連想しやすいだけでなく，次のステップを行うための身体の準備という意味でも重要である。また，ステップのリズムを擬音語で表現することもステップの雰囲気を伝えやすい方法である。エアロビクスに慣れていない参加者の場合には，さらにキューを早めに出してあげられると，頭も身体も準備ができるので親切である。以下に，ステップ名に頼らないバーバルキューの例を挙げる。すべて，３～４カウントで言うことができる。

【ステップ名に頼らないバーバルキューの例】

①３マーチ＆タッチ	「４つ目タッチ！」，「前４つ！」
②Ｖステップ	「斜め前に！」
③ステップタッチ	「小さく移動！」
④ツーサイド	「２歩移動！」
⑤グレープバイン	「大きく移動！」，「２歩移動！」 「２歩目を後ろに交差！」
⑥レッグカール	「踵でお尻を蹴るように！」
⑦ツイスト・シングル	「お尻ふりふり！」
⑧ツイスト・ダブル	「踵を右に！」
⑨シャッセ	「トトトン！」
⑩ステップニー	「ウン・ハー！」

7 参加者をつまずかせないために

　参加者にとっては，レッスンについていけないことが一番のストレスになる。よって，参加者がどこでつまずいているのか原因をキャッチし，つまずかせないための言葉がけをすることが重要である。たとえば，３マーチ＆タッチでタッチに体重がかかってしまっているなら「チョンは爪でタッチですよ」，左右の足をどう踏めばよいかとまどっているなら「右・左・右・チョン」などである。ポニーなどリズムの刻みが難しい場合なら，「タタタン，タタタン」などの擬音語でリズムを表現することも有効であろう。レッグカールの 1c と 3c で膝が曲げられないためにテンポが速くなってしまっている（"はや取り"）なら，きっと「音に合わせましょう」と言うよりも，「ウンで膝を曲げて，ウン・パ・ウン・パ」と言ってあげたほうがつまずきを助けてあげられるかもしれない。他にも，Ｖステップの後のＡステップを忘れてしまいがちなら，Ｖステップの後半で身体を後ろに倒しぎみに方向キュー（⑤）を出したり，ターンした後のステップニーの右足が出ないのなら，ターンをしているときから次の右足の準備ができるように「右足前に！ウンハー！」と注意を促したりなどである。つまり，参加者が，どっちの方向？　と迷っているなら方向の情報を，どっちの足？　と迷っているなら右足，左足の情報を先に伝えてあげることが大切なのである。限られたカウントで伝えなければいけないので，語順も重要である。難しそうに思えるかもしれないが，突き詰めると，エアロビクスの指導力とは，"親切心"と"伝えたい気持ち"だとつくづく思う。伝えたい気持ちがあれば，自然に一番最初に伝えるべき言葉やアクションが出てくるものである。

【つまずかせないための言葉がけの例】

つまずきの原因	言葉がけ，導きのコツ
①３マーチ＆タッチ 　タッチに体重がかかってしまう	「チョンは爪でタッチですよ！」
左右の足の踏み方	「右，左，右，チョン」
②VA ステップ 　Ａステップの足が出ない	Ｖステップ後半，後ろに倒れぎみで方向キューを出す
③レッグカール 　1c と 3c で膝が曲げられない	「ウンで膝を曲げて，ウン・パ・ウン・パ」
④ステップニー 　１歩目の足が出ない	早めに「右足前に！　ウンハー！」
⑤ポニー 　リズムが難しい	「タタタン，タタタン」

8 安全で効果的で美しい動きに導くために

■～■では，出来上がった運動プログラムに沿って，参加者をスムーズに導くための指導技術について述べたが，ここでは，安全で効果的で美しい動きに導くための言葉がけについて述べる。

《1》安全に配慮した言葉がけ ■■■■■■■■■■■■■■■■■■■■■■■■■■■■

安全に配慮した言葉がけとは，主に姿勢やアライメント（正しい骨の配列）に関する注意のことである。正しい姿勢で動かないと，腰痛などの故障をおこしてしまうためである。以下は，安全に配慮した言葉がけの例である。

【安全に配慮した言葉がけの例】

①マーチ	「あごを引いて」
	「お腹を引き締めて」
②Vステップ	「膝とつま先の方向は合っていますか」
	「踵から」
	「膝をやわらかく使いましょう」
	「足を左右均等に出しましょう」
	「2歩目もしっかり前に出しましょう」
手を上に上げる場合	「肩が上がっていませんか」
	「首を長く保つようにしましょう」
	「胸を張って手を出します」
③レッグカール	「腰をそらないように」
	「反動を使わないように」
	「踵がお尻の後ろにかくれるように」

《2》効果的で美しい動きに導く言葉がけ ■■■■■■■■■■■■■■■■■■■■■

Ⅱ章の「■ステップの紹介」においても，動き方や注意すべきことについて述べているので，そちらも参照してもらいたい。以下は，効果的で美しい動きに導く言葉がけの例である。

145

【効果的で美しい動きに導く言葉がけの例】

①マーチ	「腕もしっかり振りましょう」
②Ｖステップ	「前後にしっかり移動しましょう」
③ステップタッチ	「足をしっかり引き寄せましょう」
	「内ももを引き寄せるように」
	「足首をやわらかく使いましょう」
	「ボールが弾むように」
	「少し大股で」（強度を上げたい場合）
④グレープバイン	「1歩目を少し外股に出しましょう」
	「1歩目は踵から，斜め前に」
	「1歩目を大きく，2歩目は小さく」
	「最後は足を引き寄せて」
	「上体が前に倒れないように」
	「おへそを前に向けたまま」
	「腕も大きく使いましょう」
⑤レッグカール	「踵をお尻に近づけて」

9 指導ドリル

　147頁に，指導ドリルとして，32カウント×8でコンビネーション（右リード）が完成する運動プログラム例を示す。130bpm の音楽に合わせて行うと2分程度の長さとなる。この運動プログラムは，筆者が「エアロビクス指導法演習」という授業の中で実施する中間試験課題でもある。シンプルだが，いろいろな指導技術を盛り込んだ。通常のステップシートでは，32カウント（4小節）を1段で示すが，ここではバーバルキューも示したため，1小節が大きくなり32カウント（4小節）を2段で示すこととした。また，1小節を点線で上段と下段に分け，上段にキューを下段に動きを配置し，上段にはバーバルキューの他にビジュアルキューを⑰で，プレビューを⑫で示した。最初は，対面指導で始まり，3段目のマーチで対面から背面指導に切り替える（4c目にタッチを入れるなど）。3段目の最後のキューが「歩きましょう」ではなく「歩きます」なのは，違うことを始める合図でもある。また，新しいステップを始める5段目の最後のキュー「右に2歩移動します」は，なるべく早めに参加者の注意をひくように言うことが大切である。うまくできるようになったら，数人の参加者役に対して指導する練習もしてみよう。

指導ドリル（130bpm で約 2 分間）

	1	2	3	4	5	6	7	8	1	2	3	4	5	6	7	8
0					キュー				右足から歩きますⓋ[1]				5,	6,	7,	8
	（対面指導で開始する）				動き											
1			もう少し										ゆっくり右に移動Ⓥ[2]			
	マーチ								マーチ							
			パンパン				パンパン						速くして			
	スローステップタッチ（拍手×2）								スローステップタッチ（拍手×2）							
2			もうあと4つ						4,		3		歩きましょう			
	ステップタッチ（拍手）								ステップタッチ（拍手）							
			ステップタッチⓋ[2]						4,		3		歩きましょう			
	マーチ								ステップタッチ（拍手）							
3			ステップタッチⓋ[3]						4,		3		歩きましょう			
	マーチ（対面から背面に）								ステップタッチ（拍手）							
			ステップタッチⓋ[3]						4,		3		歩きますⓋ[4]			
	マーチ								ステップタッチ（拍手）							
4	4つ目タッチです				5,	6,	7,	8	1,	2,	3,チョン				チョン	
	マーチ								3マーチ＆タッチ							
			拍手										前に移動しますⓋ[5]			
	3マーチ＆タッチ（拍手）								3マーチ＆タッチ（拍手）							
5			ステップタッチⓋ[3]						4,		3		前4つⓋ[5]			
	3マーチ＆タッチ（前進, 後退）								ステップタッチ（拍手）							
			ステップタッチⓋ[3]								右に2歩移動しますⓋ[6]					
	3マーチ＆タッチ（前進, 後退）								ステップタッチ（拍手）							
6	1歩, 2歩		2歩目を後ろに交差Ⓟ						グレープバインです				レッグカールⓋ[3]			
	サイド（手は腰に）								グレープバイン							
	踵でお尻を蹴るように		2回ずつⓋ[7]						2回				グレープバインⓋ[8]			
	レッグカール								レッグカール・ダブル							
7			レッグカール・ダブルⓋ[7]						2回				グレープバインⓋ[8]			
	グレープバイン								レッグカール・ダブル							
			レッグカール・ダブルⓋ[7]						最初からつなげます				前4つⓋ[5]			
	グレープバイン								レッグカール・ダブル							
8			ステップタッチⓋ[3]										グレープバインⓋ[8]			
	3マーチ＆タッチ（前進, 後退）								ステップタッチ（拍手）							
			レッグカール・ダブルⓋ[7]						2回				2回			
	グレープバイン								レッグカール・ダブル							

147

【ビジュアルキューとプレビューの詳細について】

Ⓥ¹：左手を真上に上げる（対面指導）

Ⓥ²：左手を左斜め下に出す（対面指導）

Ⓥ³：右手を右斜め下に出す（背面指導）

Ⓥ⁴：右手を真上に上げる

Ⓥ⁵：右手を前斜め上に上げる

Ⓥ⁶：右手の指2本を右斜め上に上げる

Ⓥ⁷：両手の指2本を横斜め上に上げる

Ⓥ⁸：右手を右斜め上に上げる

Ⓟ：グレープバインを見せる

【コンビネーションの完成形】

8カウント	8カウント	8カウント	8カウント	
3 マーチ&タッチ×2	4 ステップタッチ	2 グレープバイン	2 レッグカール・ダブル	ステップ
4c と 8c 目に拍手	拍手	両手を振って，拍手	両手を前から引く	上肢
前後移動				移動

【展開方法】

　1～5段でゆっくり前半をつくり，6～7段で手早く後半をつくり，8段目で前半と後半をつなげてコンビネーションを完成させるという手順で展開する。

ウォーミングアップ例

　Ⅰ章の最初に述べたように，エアロビクスのレッスン（50～60分）の構成は，原則，下記の3つのパートに分けられる。

　①ウォーミングアップ（10～15分）

　②メインエクササイズ（35～45分）

　③クールダウン（5～10分）

通常のレッスン（50～60分）では，メインエクササイズとして，2～4ブロック実施することができる。1ブロック（32c）左右対称のコンビネーションを展開するのに10～15分かかる計算である。民間のスポーツクラブでも，初級クラスで2ブロック，中上級クラスでも3ブロックが一般的なようである。本書のⅡ～Ⅴ章では，このメインエクササイズについて述べてきた。よって，本書を読み，練習を積んだみなさんは，メインエクササイズについては，プログラムの作成も指導も可能といえる。そこで，付録として，メインエクササイズへの導入となる10分程度（130bpm）のウォーミングアップを紹介しようと思う。内容は，中学，高校の体育の授業で使うことも想定して，シンプルでやさしいものとした。指導練習にもなるので，是非，覚えてもらいたい。

部　位	内　　容	注　意　点
全身	・後ろに歩く (8c)，その場で歩く＋拍手 (8c) ・前に歩く (8c)，その場で歩く＋拍手 (8c) 以上を2回繰り返す　32c × 2	・後ろに歩くときは，つま先から着地し，前に歩くときは踵から着地する。 ・脚を動かして，血流をよくすることが目的である。寒い時期は長めに行ってもよい。
つなぎ	歩きながら足をだんだん開く (8c) [1] ゆっくり屈伸6回 (24c) [2] 　32c × 1	・膝を曲げたとき，膝とつま先の方向を合わせるようにし，骨盤が後傾しないようにする。 ・膝を伸ばしたときは，ロックせず少しゆるめておく。
肩	・両肩を2cずつ前，上，後ろ，戻す (8c) [3] ・両肩を2cずつ後ろ，上，前，戻す (8c) 以上を2回繰り返す　32c × 1	・膝はロックせず，少しゆるめておく。 ・肩甲骨を動かす意識で行う。前は，左右の肩甲骨を引き離すように，後ろは肩甲骨を寄せるようにする。
肩	・両肩を4回持ち上げる (8c) ・右肩2回，左肩2回持ち上げる (8c) 以上を2回繰り返す　32c × 1	・膝はロックせず，少しゆるめておく。 ・肩の上下動に合わせてリズミカルに，膝もほんの少し伸ばしたり曲げたりする。
	・両肩を前から後ろに2回回す (8c) ・両肩を後ろから前に2回回す (8c) 以上を2回繰り返す　32c × 1	・膝はロックせず，少しゆるめておく。肩を上げるときには膝を少し伸ばし，肩を下げるときには膝を少し曲げる。 ・肩甲骨を動かす意識で行う。

149

首	・首を右に側屈 (8c) ・首を左に側屈 (8c) [4] 以上を2回繰り返す $\boxed{32c \times 1}$	・膝はロックせず，少しゆるめておく。 ・首を倒すほうと反対の肩を下げるようにすると効果的に伸ばせる。
	・首を右に回す (8c) ・首を左に回す (8c) 以上を2回繰り返す $\boxed{32c \times 1}$	・膝はロックせず，少しゆるめておく。 ・首の後屈はあまり行わないほうがよいので，後ろは無理をしないように指示する。
体幹	・両手を下で組み，手を返して手のひらを天井に向け，上に引っ張る (8c) ・右に側屈して戻す (8c) ・左に側屈して戻す (8c) ・手を離し，両肩を前から後ろに回す (8c) [5] 左から同様に行う $\boxed{32c \times 2}$	・上に引っ張る際，膝も伸ばし，おへそを縦長にするようなイメージで思いっきり伸びをする。ただし，腰はそらない。 ・側屈の際は，膝を少しゆるめて，体を曲げたほうと反対の足で床を押すようにするとよく伸びる。たくさん曲げる必要はないので，腕が頭より前にこないようにする。 ・骨盤の中心が両足の中央からずれないようにする。
	・両手を腿の上におき，右肩を入れるようにしながら体幹を左にひねる (16c) ・左も同様に (16c) [6] ・上記の体幹の回旋を半分の時間で (16c) ・頭を中央に戻し，ゆっくりロールアップする (16c) [7] $\boxed{32c \times 2}$	・肩を入れて体幹をひねるとき，入れた肩と同じ側の手指を下に向けるようにする。 ・頭を中央に戻すときには膝をゆるめて腰をまるめるように意識する。つづくロールアップでは，背骨を下から順に立てていくようなイメージで行う。
全身	・足は開いたまま，脚の屈伸8回 (16c) 　手は2，4，6，8cで拍手 [8] 以下，すべて右リード ・4ランジアップ (8c) ＋脚の屈伸4回 (8c) 　手は2，4，6，8cで拍手 [9] ×1回 ・4ランジアップ (8c) ＋4ステップタッチ (8c) 　手はスイング＋拍手 [10] ×2回 $\boxed{32c \times 2}$	・脚の屈伸は1cで曲げ，2cで伸ばす。 ・ランジアップの際，体重がかかっていないほうのつま先が軸足のほうに寄ってこないように，遠くにタッチする。 ・スイングの手は，両手を下ろした際，脱力することが大切である。 ・曲げているほうの肘が下がらないように，また曲げた肘が，身体の中心に寄ってこないようにする。
	・8マーチ (8c) その場＋4ステップタッチ (8c) ステップタッチのとき，①手は拍手　16c×2回 ・8マーチ (8c) で後退＋4ステップタッチ (8c) ・8マーチ (8c) で前進＋4ステップタッチ (8c) ステップタッチの手は②〜⑤のように変える 　②横に開く [11] 16c×2回 　③片手を上に上げる [12] 16c×2回 　④深呼吸の手 [13] 16c×2回 　⑤わくわく [14] 16c×2回 　$\boxed{32c \times 5}$	・ステップタッチの手の動きは， ①手を開いたとき，胸も開くように行う。 ②手を開くタイミングと足を開くタイミングを合わせる。 ③上に手を伸ばすときには，肘を耳に近づけるようにするとまっすぐ上に上がる。手が上に上がったときには重心を高く，足を引き寄せるときには重心をやや低くする。 ④肘を伸ばしたまま行う。真横のときには腕が水平に，真上のときには腕が垂直になるようにする。両肘で耳をはさむようにするとよい。 ⑤楽に行う。肘を下げるほうを意識する。 $\boxed{\text{マーチで次のステップタッチの手をプレビューする※}}$
	・その場でステップタッチ，手は前頭面での肩回しとパンチ 　①片方ずつ肘を曲げて回す [15] 　②片方ずつ肘を伸ばして回す [16] 　① (8c) ＋② (8c) を2回　32c×1 　③両手を伸ばして回す [17] 　④両手パンチ [18] 　③ (8c) ＋④ (8c) を2回　32c×1 　$\boxed{32c \times 2}$	・肩を回す（①②③）際，肩関節を中心として，円を描くように，身体の中心に向かう局面でもしっかり半円を描くように回す。また，肘や指先が遠くを通過するように，遠心力が感じられるようなイメージで回す。手が上に上がったときには，重心を高く，足を引き寄せるときには重心をやや低くする。 ・両手パンチ（④）は，パンチを出すときも戻すときも，身体の近くを通るようにする。

つなぎ	・ステップタッチ (8c) ・斜め前にステップタッチ (8c) ・前後にステップタッチ (16c)　32c × 1	
脚	・腓腹筋のダイナミックストレッチング※ [19] 　①両手を上に伸ばす 　②両手を引きつつ踵を床に押しつける ① (2c) ＋② (2c) を 8 回 最後の 1 回で両手を腿に上におく　32c × 1 ・腓腹筋のスタティックストレッチング※ [20] 　32c × 1 　32c × 2	・両手を上げる際，後ろの足のつま先を手先と反対方向，すなわち斜め下に引っ張るようにする。その際，軸脚の膝はゆるめておくが，股関節を伸ばすイメージで行う。 　横向きの姿勢で見せる※ ・後ろの足の踵を床に押しつけるときには，つま先をまっすぐ前に向け，膝を伸ばしたまま行う。 　横向きの姿勢で見せる
	・腸腰筋のスタティックストレッチング [21] 　32c × 1 ・前脛骨筋のスタティックストレッチング [22] 　32c × 1 　32c × 2	・後ろの足は，軸足からなるべく遠くにおき，骨盤を動かしやすくするため，必ず踵を上げ，骨盤を後傾にする。実際には，骨盤を垂直にするのが限界である。 ・腸腰筋のストレッチ姿勢では，後ろの脚の膝が，股関節より後ろにあるようにする。 　横向きの姿勢で見せる ・ストレッチしている筋を触って示すことも有効である。 　横向きの姿勢で見せる
	・ヒラメ筋のダイナミックストレッチング [23] 　①足を前後に開いて立ち，両膝を曲げる 　②両膝を伸ばす ① (2c) ＋② (2c) を 8 回　　32c × 1 ・ヒラメ筋＋三角筋のスタティックストレッチング [24] 　32c × 1 　32c × 2	・両足の幅は，肩幅を縦にしたくらいの幅。 ・できるだけ，つま先をまっすぐ前に向け，足の裏を床につけたまま行う。体重は後ろ足にかけるようにする。 　横向きの姿勢で見せる ・スタティックストレッチングでも，踵が浮かないようにする。また，三角筋のストレッチでは，ストレッチする側の肩が上がらないように，また腕を引き寄せる際，つられて体幹も回旋してしまわないように注意する。 　ヒラメ筋＋三角筋 → 背面指導に戻す※
	・ハムストリングスのスタティックストレッチング [25] 　32c × 1	・ストレッチ姿勢になったとき，横から見てひらがなの "く" の字に見えるように，すなわち腰が丸くならないようにする。お尻を後ろに突き出すようにするとよい (骨盤前傾)。伸ばしている膝を手で押さない。膝が過伸展しやすい場合は，膝を少し曲げたほうが安全である。 　横向きの姿勢で見せる
	・ハムストリングス＋腓腹筋のスタティックストレッチング [26] ・前の足に両足をそろえて，ロールアップ [27] 　32c × 1	・つま先を上げることにより，ハムストリングスに加え腓腹筋も伸ばす。　横向きの姿勢で見せる ・足をそろえる際，膝をゆるめて腰をまるめるように意識する。つづくロールアップでは，背骨を下から順に立てていくようなイメージで行う。
	・脚のストレッチについては，左も同様に，つなぎから行う　32c × 9	

※マーチで次のステップタッチの手をプレビューする：マーチ8歩で後退する際，後半の4カウントで足の動きはマーチのまま，次のステップタッチの手の動きを前もって見せる。マーチ8歩で前進する際にも，再度プレビューしてもよい。

※ダイナミックストレッチング：関節角度変化を伴う動的なストレッチング。

※スタティックストレッチング：関節角度変化を伴わない静的なストレッチング。

※横向きの姿勢で見せる：参加者には鏡のほうを向いて行わせるが，指導者はストレッチしている側の脚が参加者側になるようにして横向きで見せる。参加者の姿勢を確認したいときは，指導者が移動して参加者の横から見るようにする。

※ヒラメ筋＋三角筋→背面指導に戻す：三角筋のストレッチを指導者が見せるときは背面指導のほうがわかりやすいので，ヒラメ筋のダイナミックストレッチングの間に方向を変えて背面指導とする。

［1］歩きながらだんだん足を開く

［2］股関節を外旋して（外股にして），両脚屈伸

【悪い例】

［3］両肩を前，上，後ろ，戻す

［４］首の側屈

［５］両手を組んで上に引っ張る，右に側屈，左に側屈，戻して手を離し，肩を前から後ろに回す

［６］右肩を入れて体幹を左に回旋，左肩を入れて体幹を右に回旋

［7］ロールアップ

［8］脚の屈伸＋拍手

［9］ランジアップ＋拍手

［10］ランジアップ＋スイング，ステップタッチ＋拍手

155

[11] ステップタッチ＋手を横に開く

[12] ステップタッチ＋片手を上に上げる

[13] ステップタッチ＋深呼吸の手

[14] ステップタッチ＋わくわく

[15] ステップタッチ＋片手ずつ肘を曲げて肩回し

[16] ステップタッチ＋片方ずつ肘を曲げて肩回し

 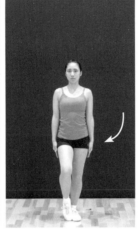  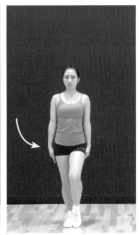

[17] ステップタッチ＋両手を伸ばして肩回し

  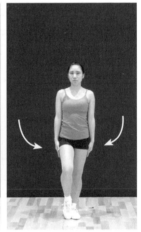

※左も同様に行う。

[18] ステップタッチ＋両手パンチ

[19] 腓腹筋のダイナミックストレッチング　　　　[20] 腓腹筋のスタティックストレッチング

[21] 腸腰筋のスタティックストレッチング　　[22] 前脛骨筋のスタティックストレッチング　　[23] ヒラメ筋のダイナミックストレッチング

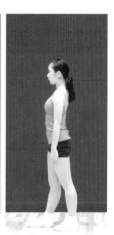

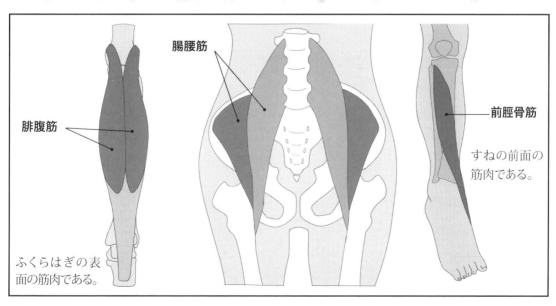

腸腰筋

腓腹筋

前脛骨筋

すねの前面の筋肉である。

ふくらはぎの表面の筋肉である。

[24] ヒラメ筋と三角筋のスタティックストレッチング

ヒラメ筋

ふくらはぎの深いところにある筋肉である。

[25] ハムストリングスのスタティックストレッチング

[26] ハムストリングスと腓腹筋のスタティックストレッチング

三角筋

[27] ロールアップ

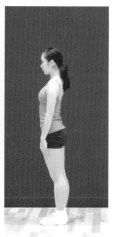

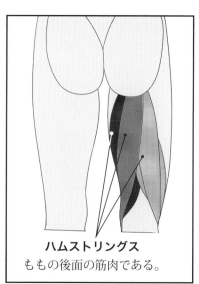

ハムストリングス
ももの後面の筋肉である。

付録2

2分間の運動プログラムをつくる手順
―授業「エアロビクス指導法演習」での実践例―

　通常のレッスンでは，左右対称のコンビネーションを展開するのに10分〜15分ほどかかる。しかし，授業や資格試験などでは，2分間でコンビネーションを展開する機会もあるため，ここでは，2分間（32c×8）の運動プログラムをつくる手順について述べる。これは，筆者が「エアロビクス指導法演習」の授業において90分×4回の授業で実施する内容でもある。また，コンビネーションの完成形は右リード（32c）である。最初に空欄のステップシート（p.170参照）を配布し，4回の授業でこのシートを下記のスケジュールで順に埋めていく。

　第1回：コンビネーションの完成形を考える（8段目）
　第2回：コンビネーションの原型を考える（5段目）
　第3回：コンビネーションの原型をレイヤリングして完成形にする（6〜7段目）
　第4回：コンビネーションの原型を組み立てる（1〜4段目）

《1》コンビネーションの完成形を考える

　まず，以下の①〜④を踏まえ，コンビネーションの完成形（8段目）を考える。
① 4〜6種類のステップをつなぎ，右リード32cのコンビネーションをつくる。
② 少なくとも1種類のステップに，上肢の動きをつける。
③ 水平移動を加えたり，ハイインパクトのステップを入れる。
④ 以上を踏まえ，ステップシートの8段目にコンビネーションの完成形（32c）を考え記入する。

【8段目の例】

8	VAステップ	フロントキック	シャッセ＆2マーチ	レッグカール	ステップ
	定番	片手を前にパンチ	定番	わくわく	上肢
		前進		後退	移動

　このコンビネーション例は，以下の通り，上記の条件をすべて満たしている。
- 5種類のステップからなる右リード32cのコンビネーションである。
- すべてのステップに上肢の動きがついている。

- フロントキック（前進）とレッグカール（後退）で水平移動を行っている。
- フロントキックがハイインパクトのステップである。

《2》展開（ブレイクダウン）を考える ■■■■■■■■■■■■■■■■■■■

❶コンビネーションの原型を考える（第2回）

　次に，コンビネーションの原型を（5段目）を考える。完成形（8段目）を先に考えるのか，原型（5段目）を先に考えるのかは，迷うところであるがどちらもあり得るであろう。しかし，レッスン体験が抱負な者ほど，完成形を先に思いつく傾向があるように思われる。よって，ここではこの順番とした。原型を考える際に，完成形がシンプルすぎると感じた場合は，完成形の難度や強度を検討し直してよい。

①コンビネーションの完成形から，重ねられた要素（上肢の動き，移動，ハイインパクト）を取り去り，コンビネーションの原型にする。

②上肢の動きなどは，すべて取り去る必要はなく，定番のものなどはつけられていてよい。

③コンビネーションの原型は，シンプルだが楽しいコンビネーションであることが望ましい。

④コンビネーションの原型は，主に以下のステップにより構成される。以上を踏まえコンビネーションの原型（32c）を考え，ステップシートの5段目に記入する。別の言い方をすると，以下のステップは5段目に記入されていてよいステップである。

- マーチ，3マーチ＆タッチ，クロスマーチ
- ボックス
- ＶＡステップ
- マンボ
- 3拍子マンボ
- ステップタッチ，ツーサイド
- グレープバイン
- レッグカール，レッグカール・ダブル
- ツイスト・ダブル
- シャッセ＆2マーチ
- ヒールタッチ（フロント），ヒールタッチ（サイド），サイドタッチ
- ステップニー＆2マーチ
- ステップツイスト
- マンボシャッセ

【5段目の例】

	VAステップ	ヒールタッチ	シャッセ＆2マーチ	レッグカール	ステップ
5	定番	定番	定番	両手を腰におく	上肢
					移動

8 段目との違いは,

- 上肢の動きを定番のものにした。
- ハイインパクトのフロントキックをローインパクトのヒールタッチにした。
- 水平移動（前進，後退）をなくした。

❷コンビネーションの原型をレイヤリングして完成形にする（第 3 回）

コンビネーションの原型（5 段目）をレイヤリングして完成形にする過程を考える。

①すなわち，6 ～ 8 段で以下の要素を重ねていく。

- 上肢の動きを加える
- 水平移動を加える
- ハイインパクトにする

②レイヤリングの順序は，原則，上肢の動きを加える ⇨ 水平移動を加える ⇨ ハイインパクトにする，の順である。強度が上がりやすいレイヤリングは後に行うという考えからである。

③レイヤリングの順序には例外もある。たとえばフロントキックで前進したい場合などは，ヒールタッチでは前進しにくいので，ヒールタッチをフロントキックにしてから水平移動を加えることになる。

④6 ～ 8 段で重ねていくべき具体的な要素は下記の通りである。

<u>上肢の動きを加える</u>

- 上肢の動きを工夫する（p.52 ～ 84 参照）。
- 高強度の上肢の動きにする（p.93 参照）。
- 高難度の上肢の動きにする（p.96 参照）。

<u>水平移動を加える</u>（p.94 参照）

- 3 マーチ＆タッチ，ジョグ，フロントキック，ジャンピングジャック，ステップタッチ，レッグカール，ケンケン，グレープバイン，シャッセ＆ 2 マーチ，マンボシャッセ，などで前進，または後退する。

<u>ハイインパクトにする</u>（p.94 参照）

- マーチ ⇨ ジョグ
- ステップタッチ ⇨ ステップホップ
- ステップタッチ ⇨ ケンケン
- ステップタッチ ⇨ ポニー
- ステップタッチ ⇨ ヒールジャック
- グレープバイン ⇨ ギャロップ
- レッグカール・シングル ⇨ ピエロジャック
- レッグカール・ダブル ⇨ ニーアップバッククロス

- ヒールタッチ（フロント）⇨ フロントキック
- サイドタッチ ⇨ サイドランジ
- バックタッチ ⇨ バックキック
- 両足ではずむ ⇨ ジャンピングジャック

⑤以上を踏まえ，6〜8段のレイヤリングを考え6〜7段目を記入する。

【5〜8段の例】

	VAステップ	ヒールタッチ	シャッセ&2マーチ	レッグカール	ステップ
5	定番	定番	定番	両手を腰におく	上肢
					移動
	VAステップ	ヒールタッチ	シャッセ&2マーチ	レッグカール	ステップ
6	定番	片手を前にパンチ	定番	わくわく	上肢
					移動
	VAステップ	フロントキック	シャッセ&2マーチ	レッグカール	ステップ
7		片手を前にパンチ	定番	わくわく	上肢
					移動
	VAステップ	フロントキック	シャッセ&2マーチ	レッグカール	ステップ
8	定番	片手を前にパンチ	定番	わくわく	上肢
		前進		後退	移動

変化させた要素を網がけで示した。レイヤリングの順序は，上肢の動きを加える ⇨ ハイインパクトにする ⇨ 水平移動を加える，の順である。

❸コンビネーションの原型を組み立てる（第4回）

最後に，ステップシートの1〜4段目でコンビネーションの原型を組み立てる。

①原則，コンビネーションを前半（16c）と後半（16c）に分けて組み立て，前半と後半を足して32cにする。

②原則，ステップシートの1〜2段で前半（16c），3〜4段で後半（16c）を組み立てる。

③いきなりやってもよいステップは，以下の通りである。

- マーチ
- ステップタッチ
- レッグカール
- サイドタッチ
- ヒールタッチ

④以下のステップについては，いきなりやるのではなく，段階的に導く方法をとってほしい（Ⅳ章 - **1** - 《4》 - **❶**，p.121 ～ 123 参照）。

段階的に導くべきステップ

- ３マーチ＆タッチ⇦４歩目タッチのマーチから
- ボックス⇦前後マーチから
- Ｖステップ⇦前後マーチから
- グレープバイン⇦ツーサイドから

段階的に導くのに最低 32c（4 小節）必要なステップ

　下記に挙げたステップはいずれも，エアロビクスに不慣れな参加者であれば，時間をかけて段階的に導くべきなのだが，ここでは少々強引だが 32c（4 小節）で導く方法を紹介する（p.165 ～ 167）。

- ＶＡステップ
- ステップニー＆２マーチ
- ステップツイスト
- シャッセ＆２マーチ
- マンボシャッセ
- ３拍子マンボ

⑤段階的に導くのに時間のかかるステップを先に行うほうがスムーズである。

⑥以上を踏まえ，コンビネーションの原型の展開方法を考え 1 ～ 4 段目に記入する（p.168）。

【32c で段階的に導くステップの展開例】

ＶＡステップ

	1・2・3・4・5・6・7・8・	1・2・3・4・5・6・7・8・
0	キュー　　　動き	歩きましょう
1	℗※ 見て，真似して　　前で足を開きます	後ろで足を開きます
	4 マーチ　　　前後マーチ※	2V ステップ※
	半分にします	
	2A ステップ	VA ステップ

※℗：プレビュー。この場合は，前後マーチを見せる。

※前後マーチ：前に２歩後ろに２歩踏むマーチ

165

ステップニー＆2マーチ

	1・2・3・4・5・6・7・8・	1・2・3・4・5・6・7・8・
0	キュー／動き	ゆっくり2歩歩きます
1	スロー　速く　　　　もう1回	スロー　速く　半分にします
	2 スローマーチ＋4 マーチ	2 スローマーチ＋4 マーチ
	スロークイッククイック　Ⓟ※ 見て，真似して	ステップニーです
	1 スローマーチ＋2 マーチを2回	ステップニー＆2マーチを2回

※Ⓟ：プレビュー。この場合は，ステップニー＆2マーチを見せる。

ステップツイスト

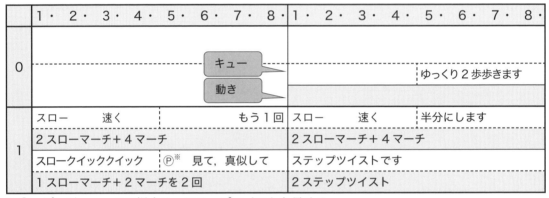

	1・2・3・4・5・6・7・8・	1・2・3・4・5・6・7・8・
0	キュー／動き	ゆっくり2歩歩きます
1	スロー　速く　　　　もう1回	スロー　速く　半分にします
	2 スローマーチ＋4 マーチ	2 スローマーチ＋4 マーチ
	スロークイッククイック　Ⓟ※ 見て，真似して	ステップツイストです
	1 スローマーチ＋2 マーチを2回	2 ステップツイスト

※Ⓟ：プレビュー。この場合は，ステップツイストを見せる。

シャッセ＆2マーチ

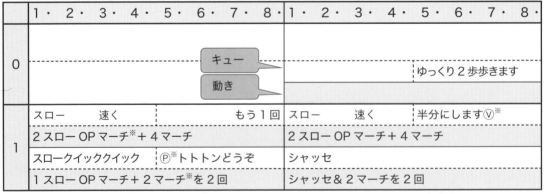

	1・2・3・4・5・6・7・8・	1・2・3・4・5・6・7・8・
0	キュー／動き	ゆっくり2歩歩きます
1	スロー　速く　　　　もう1回	スロー　速く　半分にしますⓋ※
	2 スロー OP マーチ※＋4 マーチ	2 スロー OP マーチ＋4 マーチ
	スロークイッククイック　Ⓟ※ トトトンどうぞ	シャッセ
	1 スロー OP マーチ＋2 マーチ※を2回	シャッセ＆2マーチを2回

※2 スロー OP マーチ：2 スローオープンマーチのこと。足を開いてゆっくり2歩歩く。

※Ⓥ：ビジュアルキュー。この場合は，右横に方向キューを出す。

※1 スロー OP マーチ＋2 マーチ：1歩目のスローマーチで右に移動その場で2歩歩く。左も同様に行う。

※Ⓟ：プレビュー。この場合は，シャッセ＆2マーチを見せる。

マンボシャッセ

	1・2・3・4・5・6・7・8・			1・2・3・4・5・6・7・8・	
0		キュー			
		動き		歩きながら見ていてください	
1	Ⓟ¹※	ご一緒に		左	斜め前にⓋ※
	8マーチ			2ステッピングアウト※	
	反対	Ⓟ²※	トトトン	マンボシャッセです	
	2斜めにステッピングアウト※			2マンボシャッセ	

※Ⓟ¹：プレビュー。この場合は，ステッピングアウトを見せる。

※ステッピングアウト：両足をそろえたところから，右足を踏み込んで戻る，左足を踏み込んで戻る。

※Ⓥ：ビジュアルキュー。この場合は，左斜め前に方向キュー

※2斜めにステッピングアウト：右斜め前にステッピングアウトして右に踏み出す。左も同様に行う。

※Ⓟ²：プレビュー。この場合は，マンボシャッセを見せる。

3拍子マンボ

	1・2・3・4・5・6・7・8・			1・2・3・4・5・6・7・8・	
0		キュー			
		動き		歩きながら見ていてください	
1	1, 2, 3, 1, 2, 3,	Ⓟ※	ご一緒に	1, 2, 3, 1, 2, 3,	もう1回
	8マーチ			3拍子マンボ	
	1, 2, 3, 1, 2, 3,	休憩			
	3拍子マンボ			8マーチ	

※Ⓟ：プレビュー。この場合は，3拍子マンボを見せる。

【1～2段の例】

1	マーチ ⇨ 前後マーチ	Vステップ	Aステップ	VAステップ	ステップ
					上肢
	A	A	A	A	移動
2	VAステップ	ヒールタッチ	VAステップ	ヒールタッチ	ステップ
	定番	定番	定番	定番	上肢
	A	B	A	B	移動

1段目（32c）でVAステップをつくり，2段目でVAステップ＋ヒールタッチを2回繰り返す。

【3～4段の例】

3	2スローOPマーチ	2スローOPマーチ	1スローOPマーチ	シャッセ＆2マーチ	ステップ
				定番	上肢
	C	C	C	C	移動
4	シャッセ＆2マーチ	レッグカール	シャッセ＆2マーチ	レッグカール	ステップ
	定番	両手を腰におく	定番	両手を腰におく	上肢
	C	D	C	D	移動

3段目（32c）でシャッセ＆2マーチをつくり，4段目でシャッセ＋レッグカールを2回繰り返す。

【5段目の例】

5	VAステップ	ヒールタッチ	シャッセ＆2マーチ	レッグカール	ステップ
	定番	定番	定番	両手を腰におく	上肢
	A	B	C	D	移動

　1～2段で組み立てた前半（16c），すなわち，VAステップ＋ヒールタッチと，3～4段で組み立てた後半（16c），すなわち，シャッセ＆2マーチ＋レッグカールをつなげてコンビネーションの原型（5段目）が完成する。この例では，2段目で前半部分を2回，4段目で後半部分を2回繰り返すことができているが，少なくとも2段目の3～4小節目で前半部分が，4段目の3～4小節目で後半部分が完成している必要がある。

【2分間の運動プログラムの例】

	8カウント	8カウント	8カウント	8カウント	
1	マーチ ⇨ 前後マーチ	Vステップ	Aステップ	VAステップ	ステップ
					上肢
	A	A	A	A	移動
2	VAステップ	ヒールタッチ	VAステップ	ヒールタッチ	ステップ
	定番	定番	定番	定番	上肢
	A	B	A	B	移動
3	2スローOPマーチ	2スローOPマーチ	1スローOPマーチ	シャッセ＆2マーチ	ステップ
				定番	上肢
	C	C	C	C	移動
4	シャッセ＆2マーチ	レッグカール	シャッセ＆2マーチ	レッグカール	ステップ
	定番	両手を腰におく	定番	両手を腰におく	上肢
	C	D	C	D	移動
5	VAステップ	ヒールタッチ	シャッセ＆2マーチ	レッグカール	ステップ
	定番	定番	定番	両手を腰におく	上肢
	A	B	C	D	移動
6	VAステップ	ヒールタッチ	シャッセ＆2マーチ	レッグカール	ステップ
	定番	片手を前にパンチ	定番	わくわく	上肢
					移動
7	VAステップ	フロントキック	シャッセ＆2マーチ	レッグカール	ステップ
	定番	片手を前にパンチ	定番	わくわく	上肢
					移動
8	VAステップ	フロントキック	シャッセ＆2マーチ	レッグカール	ステップ
	定番	片手を前にパンチ	定番	わくわく	上肢
		前進		後退	移動

この運動プログラムでは，右リード（32c）のコンビネーションを32c×8で完成させる。

【ステップシート】

	8カウント	8カウント	8カウント	8カウント	
1					ステップ
					上肢
					移動
2					ステップ
					上肢
					移動
3					ステップ
					上肢
					移動
4					ステップ
					上肢
					移動
5					ステップ
					上肢
					移動
6					ステップ
					上肢
					移動
7					ステップ
					上肢
					移動
8					ステップ
					上肢
					移動

あとがき

　日本では，エアロビクスの指導法はきちんと確立されており，そのため流行りすたりの激しいフィットネス業界においても，まだ何とか生き残っていられるのだと思います。しかし，指導に特化した教本は，ほとんどないのが現状です。おそらく，民間のスポーツクラブの養成課程においては存在するのだとは思いますが，企業秘密なのでしょう。よって，勇気と使命感をもって本書を書かせていただきました。本書を読み，疑問点や改善点などございましたら，是非おしえていただきたいと思います。できれば，ディスカッションをして，より良い指導法を体系化できたらと思います。そして，この素晴らしい運動財を学校体育や健康づくり，介護予防に活用していきましょう！

　最後になりましたが，動きのモデルになってくださった高橋愛さんと中澤伶さんにお礼申し上げます。高橋愛さんは，競技エアロビクス（エアロビック）の選手で，現在はコーチもされています。とても表現力豊かで，私の大好きな選手です。かつて，エアロビクス全盛期には，フィットネスとしてのエアロビクスの延長上に競技がありましたので，本書を書こうと思ったときに，写真のモデルは競技選手にお願いしたいと決めていました。また，中澤伶さんは，大学でエアロビクスに出会い，4年間競技エアロビクスをがんばり，またこれからフィットネス業界にインストラクターとして飛び立とうという希望の星です。中澤さんのようなインストラクターが，フィットネスとしてエアロビクスを楽しむ人たちに競技への扉を開いてくれたらと期待するばかりです。また，わかりやすく，かわいらしいイラストを描いてくださった本間美里さんにも感謝いたします。わが東洋大学ライフデザイン学部健康スポーツ学科にはこんな才能をもつ学生もいて，頼もしく思います。そして，本書が誕生できたのは，明和出版の和田義智氏のお陰です。私の熱意に共感してくださり，また，本書の膨大な写真の取り込みやレイアウトなど，本書の内容を自ら校正してくださいました。心より感謝申し上げます。

2016年2月

鈴木　智子

[著　者]

鈴木 智子（すずき　ともこ）

愛知県生まれ
1989 年　お茶の水女子大学文教育学部舞踊教育学科卒業
1994 年　お茶の水女子大学大学院人文科学研究科修士課程修了
現在，東洋大学ライフデザイン学部講師

[実技モデル]

高橋 愛　SUZUKI JAPAN CUP 2008, 2009　ペア部門　優勝
　　　　　SUZUKI JAPAN CUP 2012　女子シングル部門 3 位
　　　　　2012 Asian Aerobic Gymnastics Championships　女子シングル部門 2 位
中澤 伶　2016 年　東洋大学ライフデザイン学部健康スポーツ学科卒業

[イラスト]

本間 美里　東洋大学ライフデザイン学部健康スポーツ学科

エアロビクス指導教本

ⓒ Suzuki Tomoko 2016

初版発行————2016 年 4 月 2 日

著　　者————鈴木智子
発 行 者————和田義智
発 行 所————株式会社 明和出版
　　　　　　　〒 174-0064　東京都板橋区中台 3-27-F-709
　　　　　　　電話・FAX　03-5921-0557
　　　　　　　振替　00120-3-25221
　　　　　　　E-Mail : meiwa@zak.att.ne.jp

装　　丁————持丸和夫
印刷・製本————壮光舎印刷株式会社

ISBN978-4-901933-29-2　　　　　　　　　　Printed in Japan
Ⓡ本書の全部または一部を無断で複写複製（コピー）することは，著作権法上
　での例外を除き禁じられています。

NOTE